Existo, logo penso

OBJETIVA

ALEXANDER GEORGE

Existo, logo penso

Filósofos respondem às suas perguntas sobre o amor, o nada e tudo o mais

Tradução
Bruno Casotti

OBJETIVA

Editora Objetiva Ltda.
Rua Cosme Velho, 103
Rio de Janeiro — RJ — CEP: 22241-090
Tel.: (21) 2199-7824 — Fax: (21) 2199-7825
www.objetiva.com.br

Título original
What Would Socrates Say?
Philosophers answer your questions about love, nothingness and everything else

Adaptação de capa
Marcela Perroni/Ventura Design

Copidesque
Lucia Prado Lopes
João Francisco Costa Ribeiro

Revisão
Tathyana Viana
Catharina Epprecht
Héllen Corrêa

Editoração eletrônica
Trio Studio

CIP-BRASIL. CATALOGAÇÃO-NA-FONTE
SINDICATO NACIONAL DOS EDITORES DE LIVROS, RJ

E96

Existo, logo penso : filósofos respondem às suas perguntas sobre o amor, o nada e tudo o mais / Alexander George [et al.] ; tradução Bruno Casotti. - Rio de Janeiro : Objetiva, 2008.

276p. ISBN 978-85-7302-926-0

Tradução de: What would Socrates say? : philosophers answer your questions about love, nothingness and everything else

1. Sócrates. 2. Reflexão (Filosofia). 3. Ética aplicada. I. George, Alexander.

08-4335. CDD: 100
CDU: 1

Não se deixe intimidar com perguntas; simplesmente tenha calma.

— LUDWIG WITTGENSTEIN,
CADERNOS 1914-1916

introdução

HOMO PHILOSOPHICUS

há um paradoxo na filosofia: ela está tanto em todos os lugares quanto em lugar nenhum.

A filosofia está em todos os lugares porque cada um de nós, ao longo da vida, se confronta com perguntas filosóficas. Sejam elas do tipo urgente ("Seria errado roubar um beijo?") ou do tipo que silenciosamente perturba a sua mente quando você está deitado na cama ("Se Deus sabe tudo, então estou livre para decidir a que horas vou acordar?"), as perguntas filosóficas são companhias constantes. Da creche à clínica de repouso para idosos, nunca paramos de pensar e falar sobre questões filosóficas. Pode haver dúvidas sobre o quanto os seres humanos são realmente sábios, mas é indiscutível o quanto somos constantemente filosóficos: nossa espécie deveria ser chamada de *Homo philosophicus*.

O fato de essa onipresença da filosofia não ser de conhecimento comum é em si próprio uma manifestação do seu paradoxo. A maioria das pessoas não percebe que muitas das perguntas sobre as quais vem refletindo sozinha ou na companhia de amigos estão na própria raiz da filosofia. Quando eu era pequeno, costumava torturar meus pais com perguntas, como fazem todas as crianças: começava com um evento que eu havia presenciado, as lâmpadas se acendendo na sala, e eu perguntava como isso acontecia. Logo que a causa deste evento me era explicada, eu perguntava o que causava esta causa. Meus pais sempre desistiam antes de mim. Tudo o que eu tinha de dizer era "Por quê?" enquanto suas respostas variavam e eu perseguia a cadeia de causas até..., bem, essa é a grande questão. Quando pesquisadas com tenacidade e criatividade suficientes, essas perguntas comuns crescem e se tornam grandes sistemas filosóficos.

Mas poucas pessoas percebem isso, porque raramente a filosofia é ensinada nas escolas e, embora geralmente esteja disponível na universidade, muitas pessoas não têm acesso ao ensino superior. Aquelas que chegam a esse nível hesitam em fazer um curso de filosofia – em geral, precisamente porque não haviam sido apresentadas à filosofia quando eram jovens. Neste sentido, a filosofia não está em lugar nenhum.

O resultado final dessa ubiqüidade e ausência simultâneas da filosofia é que, embora as pessoas possam freqüentemente se beneficiar do acesso à tradição filosófica, esse acesso é amplamente negado a elas. Esse é o nosso paradoxo.

Tal situação é ainda mais lamentável levando-se em conta como seria fácil introduzir a filosofia no currículo escolar: diferentemente de muitas outras áreas que envolvem um grande esforço humano, a filosofia não exige equipamentos, instrumentos, laboratórios ou pesquisas de campo. O custo inicial da filosofia é baixo. Nós habitamos um mundo estranho, somos criaturas peculiares e nossa relação com esse mundo e com nossos semelhantes é, em geral, desconcertantemente opaca. O alimento para a filosofia está em toda parte.

O site AskPhilosophers.org foi criado para atenuar esse paradoxo. Dezenas de filósofos disponibilizam, como um serviço voluntário ao público em geral, seus talentos de professores e estudiosos. O resultado tem sido impressionante, com milhares de perguntas chegando de todos os cantos do planeta e de todo tipo de leitores: de crianças a idosos, de médicos e advogados a pessoas sem acesso à educação, de pessoas superarticuladas a outras que têm dificuldade de juntar palavras para formular perguntas. Você está diante de uma seleta coleção que representa uma fração das perguntas e respostas estimulantes que apareceram no site. Elas foram organizadas, grosso modo, em tópicos. Esses tópicos foram, por sua vez, agrupados sob as quatro perguntas ressonantes que o grande filósofo alemão Immanuel Kant considerou centrais para a filosofia. Certamente, por sua variedade, sua ingenuidade e seu humor, esses diálogos de maneira alguma esgotam os tipos de perguntas e respostas que esses tópicos suscitam; eles não pretendem ser mais do que amostras dos tipos de reflexões que são comuns em filosofia.

Entretanto, qualquer alívio em nosso paradoxo é necessariamente moderado. Apesar da magia da tecnologia, não tem havido avanço algum – no que se refere à filosofia – na prática de Sócrates da conversa cara a cara com outra pessoa. Ainda assim, espero que algum alívio seja melhor do que nenhum. Se essas perguntas e respostas puderem fornecer alguma luz e direção ao nosso pensamento, se elas puderem ajudar a levar algumas poucas mentes questionadoras a um contato estimulante com as maravilhas da grande tradição humana da reflexão, se elas puderem convencer algumas almas curiosas, mas hesitantes, de que a filosofia não é para pessoas brilhantes e de outro mundo, mas simplesmente para as pessoas que pensam – quer dizer, para todo mundo –, então, no fim das contas, teremos realizado algo valioso.

Alexander George

Amherst, Massachusetts

agradecimentos

MEUS SINCEROS AGRADECIMENTOS aos colegas, de perto e de longe. Sem sua ajuda irrestrita, este projeto teria permanecido no reino da não-existência. Agradeço também ao Amherst College por seu muito generoso apoio. Finalmente, como sempre, minha gratidão aos amigos e familiares, aos quais fiz muito mais perguntas do que as que aparecem neste livro.

A.G.

PARTE I

o que eu posso saber?

Absorvemos uma filosofia natural arcaica com o leite de nossa mãe. Com o passar do tempo, atualizando-nos com a literatura corrente e, fazendo algumas observações suplementares por conta própria, esclarecemos as coisas. Mas o processo é de crescimento e de mudança gradual: não rompemos com o passado, nem nos fixamos em padrões de evidência e de realidade diferentes dos padrões vagos das crianças e dos leigos. A ciência não é um substituto do senso comum, mas sua extensão.

A busca de conhecimento e, como deve ser, um mero esforço para ampliar e aprofundar o conhecimento do qual o homem comum já desfruta, com moderação, sobre as coisas triviais a sua volta. Negar o próprio cerne do senso comum, exigir provas para o que tanto o cientista quanto o homem comum aceitam como trivial não é um perfeccionismo louvável, mas uma confusão pretensiosa, uma falha na observação da apropriada distinção entre o bebê e a água do banho.

— W.V. QUINE,
"O ALCANCE E A LINGUAGEM DA CIÊNCIA"

P

“O Nada é algo que existe? Podemos dizer que há meias na gaveta ou que nada há. Mas se na gaveta pode haver nada, então o Nada tem que existir de alguma maneira. Mas se existe, ele ocupa o mesmo espaço, ao mesmo tempo, das coisas que não são Nada?”

R

ALEXANDER GEORGE: Quantas mãos você tem? Duas? Ou você tem três? Sua mão esquerda, sua mão direita e a terceira mão não existente que está presa a sua cabeça?

Obviamente, não se deve contar essa última "mão". Dizer que você não tem uma terceira mão não é dizer que você tem uma mão que possui a propriedade da não-existência. Nós nos metemos numa verdadeira confusão se usamos afirmações sobre não-existência para dizer que existe um objeto que tem a propriedade da não-existência, porque então esse objeto tanto precisa existir (ter alguma propriedade) quanto não existir, e isso não pode ser. Então, quando dizemos que ninguém veio à festa, queremos negar que alguém tenha ido à festa – e não afirmar que pelo menos uma pessoa foi (quer dizer, "ninguém", a "não-pessoa", a pessoa com a propriedade um tanto anti-social de não-existência).

Essa confusão se torna inevitável se você supõe que cada substantivo numa língua tem que se referir a alguma coisa. Porque se você faz isso, quando se vê diante de uma frase como "Nada supera o *royal flush*",[1] é forçado a concluir que algo no fim das contas vence o *royal flush*, alguma coisa chamada Nada. Mas nem todos os substantivos contribuem para o significado das frases da mesma forma. Alguns (como "nada") não se referem à coisa alguma, enquanto outros (como "Manhattan") o fazem.

Portanto, é uma confusão pensar em Nada como algo que está disputando o mesmo espaço com alguma coisa. Em qualquer espaço considerado, algo existe ou não existe. E se nada existe aí, se não há nada aí, isto não significa que exista, na verdade, alguma coisa, quer dizer, algo chamado "Nada".

?

[1] No pôquer, o conjunto de cartas de maior valor: ás, rei, dama, valete e dez do mesmo naipe. (N. T.)

P

“A existência de uma coisa na imaginação de alguém dá a essa coisa no mínimo uma aparência de realidade?”

R

ALEXANDER GEORGE: Está bem, então eu estou agora imaginando que há um bilhete de loteria premiado na minha carteira. Deixe-me verificar. [Pausa.] Droga. Nem chega perto de ser um bilhete vencedor. Na verdade, nem existe um bilhete de loteria.

Podemos falar que existe um balde de diamantes “na imaginação de alguém”. Mas isto não significa que os diamantes existam realmente de maneira nebulosa na mente de alguém. Se existe algo na mente desse alguém, é o pensamento sobre o balde de diamantes, ou talvez a sua imagem. Mas não o próprio balde.

Porém estamos muito perto de uma Grande Dor de Cabeça Filosófica: compreender o que quer dizer esse pensamento *sobre* a coisa ou essa imagem da coisa. É especialmente enigmático quando a tal coisa é algo que na verdade não existe.

R

PETER LIPTON: Eu posso imaginar uma montanha de ouro puro sem que essa montanha exista, nem um pouquinho. Mas também pode ser verdade que meu ato de imaginação faça com que algo mais tenha que existir, isto é, a causa daquele ato.

Descartes usava essa linha de raciocínio para um de seus argumentos sobre a existência de Deus. Ele tinha uma idéia sobre Deus e achava que a idéia tinha que ter uma causa, e que a única causa possível neste caso era o próprio Deus. Por quê? Porque uma causa tem que ter no mínimo tanta "realidade" quanto seu efeito, e somente Deus tem tanta realidade quanto a idéia de Deus. Este, é preciso que se diga, não é um argumento muito convincente aos olhos modernos: por que grandes idéias não podem ter pequenas causas?

?

P

“Nosso filho de 8 anos disse ontem que todas as coisas têm opostos. Ele estava discutindo a questão com nossa filha, que tem 10, e ela argumentou que isso não é assim. Os exemplos que nosso filho deu eram do tipo: luz versus escuridão, dia versus noite, frio versus quente.

Então nossa filha levantou a pergunta: qual é o oposto de banana?

O que eu deveria ter respondido? Existe realmente uma dualidade em todas as coisas e, se existe, como isto se aplica ao caso da banana?”

R

JYL GENTZLER: Quando minha filha era bem pequena, ela tinha um livro que se chamava *My First Look at Opposites* (Dorling Kindersley, 1990).[2] O livro ensinou a ela palavras como "grande" e "pequeno", "grosso" e "fino", "longo" e "curto", através de fotografias coloridas de bonecas grandes e pequenas, cordas grossas e finas, e velas curtas e longas. Surpreendentemente, ela entendeu esses conceitos muito rapidamente. Eu digo "surpreendentemente" porque, na verdade, o fenômeno dos opostos é bastante complexo. Usamos termos opostos quando estamos comparando objetos e observando as diferenças entre eles. Geralmente, fazemos

[2] *Meu Primeiro Olhar sobre os Opostos.* (N. T.)

essas comparações usando palavras como "mais" ou "menos". Mas mesmo quando não usamos essas palavras, estamos ainda assim fazendo comparações entre os termos.

Tomemos por exemplo "pobre" e "rico". Pessoas que caracterizamos como pobres dentro de um contexto específico são marcadamente diferentes em termos de riqueza daquelas que caracterizamos como ricas dentro do mesmo contexto. Eu me refiro à importância do contexto porque em diferentes contextos, e para comparações diferentes, podemos considerar uma mesma pessoa rica e pobre. Em sua pequena aldeia nos Andes, Juan é rico; mas comparado com Mary, que vive em Manhattan, ele é pobre. Mary é mais rica que Juan, mas é a moradora mais pobre de Manhattan. Mary é rica ou pobre? Bem, isso depende da riqueza da pessoa com a qual estamos comparando Mary implicitamente. Em diferentes contextos, há diferentes níveis representados no espectro da riqueza, e quando você localiza Mary num nível, ela pode estar em extremos diferentes, seja o extremo que chamamos de pobre (com o objetivo de comparação) ou o extremo que chamamos de rico.

Então, quando caracterizamos dois objetos usando termos opostos, estamos dizendo que esses objetos são muito diferentes um do outro, pelo menos num determinado aspecto, pelo menos num determinado contexto. Quando caracterizamos um objeto usando um desses termos, estamos fazendo uma comparação implícita: estamos dizendo que nesse contexto específico que temos em mente, esse objeto está num extremo, num determinado nível de uma determinada maneira de ser.

E quanto à "banana"? Este termo também tem um oposto no sentido em que "rico" é o oposto de "pobre"? É óbvio que, "banana" não é um termo comparativo: uma coisa não é mais ou menos uma banana; e, diferentemente de pobre e rico, bananas são corretamente chamadas de bananas não importando o contexto no qual estão sendo assim chamadas. Mas talvez as questões sejam um pouco mais complexas do que essa falta de analogia possa sugerir. Com certeza podemos comparar bananas com outros objetos, e certamente algumas coisas se parecem mais com bananas do que outras. Poderia haver um objeto que fosse um oposto da banana no sentido de ser o objeto mais diferente possível da banana?

Tendo a dizer que não, uma banana não tem um oposto nesse sentido. Observe que quando comparamos objetos, como leões e bananas, não comparamos cada aspecto deles ao mesmo tempo. Eu posso comparar um leão a uma banana em termos de tamanho ("grande" e "pequeno"), ou em termos de propensão a fazer barulho ("barulhento" e "silencioso"), ou em termos de opacidade (ambos não são transparentes), e eles são considerados semelhantes em alguns aspectos e diferentes em outros. Se os considero muito semelhantes ou muito diferentes nesses aspectos, depende do contexto no qual eu os estou comparando. Sim, um leão é grande em comparação a uma banana, mas é pequeno se comparado à Terra. Se eu fosse comparar o tamanho de um leão ao tamanho de uma banana, da Terra e do Sistema Solar, eu poderia considerar tanto o leão quanto a banana pequenos; se eu fosse comparar apenas os dois, então no contexto que estou implicitamente considerando, eu diria que o leão é grande e a banana, pequena. Não existe um objeto oposto à banana no sentido de estar no extremo oposto do espectro para qualquer propriedade que a banana tem, *seja qual for* o contexto em que alguém os compare.

Talvez, porém, "banana" tenha um oposto do mesmo modo que "dia" tem "noite" como oposto. De fato, "noite" e "dia" designam coisas que são comumente consideradas opostas, e esses termos, assim como "banana", não têm qualquer forma de comparação comum: nunca é mais ou menos dia ou noite, embora o limite entre o dia e a noite seja ele próprio indefinido. Existe alguma coisa que sirva como oposto de "banana" assim como "noite" serve como oposto de "dia"? Acho que sim. "Noite" e "dia" são completos, assim como únicos – se não é dia, então é noite. Agora, a única coisa que é oposta a banana neste sentido é "não-banana"! Com certeza, "não-banana" é uma palavra que raramente temos a oportunidade de usar, mas que não pode nos impedir de afirmar corretamente que você e eu (e a Torre Eiffel) temos algo em comum, isto é, somos todos "não-bananas".

?

P

"Eu acredito que sou a única coisa que realmente existe. Como uma outra pessoa pode me provar que ela existe realmente?"

R

PETER LIPTON: Sua pergunta me faz lembrar a história que Bertrand Russell contou certa vez sobre a afirmativa de uma filósofa de que o solipsismo – a idéia segundo a qual só você existe, assim como não existe razão alguma para acreditar que outrem realmente exista – era obviamente correto e ela não conseguia entender por que todas as outras pessoas discordavam dela!

Mas parece haver um sentido em dizer que você não pode provar que ninguém além de você existe. Neste sentido, parece também que você não pode provar que existiu no passado ou vai existir no futuro. Então, se seu padrão é tão elevado, o máximo que você conhece é o conteúdo de sua experiência atual (que você está percebendo que algo é vermelho, por exemplo), embora até mesmo isso possa ser muito.

?

P

"As idéias existem independentemente de nós, lá fora, no éter, esperando para serem descobertas? Por exemplo, a idéia do carro a motor existia, digamos, há mil anos, antes de qualquer ser humano pensar nela?"

R

JOSEPH G. MOORE: Coisas descobertas existem independentemente do fato de serem descobertas (pense em ilhas não habitadas e em espécies raras), mas coisas inventadas passam a existir no próprio processo de sua invenção (pense na primeira lâmpada). Mas mesmo que a primeira lâmpada tenha passado a existir quando Edison a inventou, o que dizer da *idéia* da lâmpada? Edison inventou essa idéia ao mesmo tempo ou, como você sugere, ela já estava aí, perambulando durante eras, apenas esperando que Edison ou algum outro gênio tropeçasse nela?

Essa é uma grande questão, ligada pela raiz a respeitados enigmas metafísicos que, na minha opinião, ainda não foram solucionados. Na verdade, foi esta a pergunta que intrigou Platão há 2.400 anos. A pergunta não é tanto sobre como usamos esses conceitos de invenção e descoberta (embora isto seja interessante), mas o status incerto das "idéias" que descobrimos/inventamos.

Freqüentemente, falamos como se as idéias transcendessem os episódios de raciocínio específicos, localizados no tempo e no espaço, nos quais elas aparecem. Dizemos: Newton e Leibniz tiveram a idéia do cálculo independentemente um do outro. E ao dizermos isso, parece que aceitamos que essa mesma idéia (ou série de idéias) existia e estava sendo articulada tanto quando Newton se ocupava dela como quando Leibniz fazia a mesma coisa, numa época diferente e num lugar diferente. Também separamos idéias de acontecimentos mentais específicos quando dizemos: "A democracia é uma grande idéia difícil de ser implementada", ou talvez ainda, "A idéia de sexo anônimo é mais atraente do que a realidade". Ou melhor ainda: "Ninguém teve uma idéia para resolver o sofrimento no mundo, mas ela tem que existir."

Se tratarmos nossa conversa sobre idéias com seriedade e sem rodeios, parece que nos relacionamos com as idéias como se elas fossem coisas que existissem independentemente dos episódios específicos de raciocínio que as envolvem. Mas onde e quando essas idéias existem? Sempre e em todo lugar? Fora do espaço e do tempo? Em algum paraíso platônico, ou algum éter misterioso? Nenhuma resposta parece palatável, mas sem uma resposta não podemos esperar compreender como as idéias surgem em nosso pensamento e não podemos esperar falar sobre elas.

Um enigma semelhante acontece com os números: falamos como se os números fossem diferentes de símbolos como "2" e "π", que usamos para selecioná-los. Quando apagamos a equação "2+5 = 7" no quadro negro, não destruímos o número 2, por exemplo! Da mesma forma, os números são diferentes de qualquer idéia mental que eu possa ter sobre eles: quando eu morrer, os números não morrerão comigo! Mas então onde, quando e como os números existem? E como interagimos com eles? Nosso enigma também faz uma conexão com o antigo problema do pressuposto universal: aparentemente falamos como se houvesse propriedades, como a vermelhidão, que existem independentemente das coisas vermelhas específicas, como o velocípede de meu filho e a rosa que eu acabei de dar a minha mulher (realmente). Mas então onde, quando e como a propriedade universal da vermelhidão existe? E como o velocípede e a rosa fazem parte disso?

Mas eu me estendi demais na retórica e me desviei do argumento. Basta dizer que, na minha opinião, sua pergunta ainda é vaga e perturbadora. Qualquer pessoa que realmente adore metafísica concordará, assim como qualquer pessoa que realmente a odeie.

?

P

"O filme *Matrix* mostra um mundo onde todos nós estamos conectados a um computador gigante. Esse computador envia sinais sensoriais diretamente para nossos cérebros, fazendo-nos acreditar que vivemos num mundo razoavelmente normal. Produz sensações de prédios de escritórios, boates e outros aspectos da rotina na cidade grande. Como Neo acaba descobrindo, porém, o mundo verdadeiro não é nada parecido com as experiências mundanas que temos quando estamos conectados à Matrix.

Este cenário — ou algum cenário com esses parâmetros — é possível? Os sinais sensoriais que interpretamos como provenientes do mundo não poderiam ser, digamos, provenientes de uma máquina? Pode-se provar que essa possibilidade está errada?"

R

MATTHEW SILVERSTEIN: A maioria dos filósofos concorda que o cenário mostrado em *Matrix* é pelo menos *possível*. Mas se estamos falando de possibilidade, a situação pode ser ainda muito mais alarmante do que aquela mostrada no cinema. Pelo menos no filme estamos todos compartilhando a mesma alucinação coletiva. Poderia ser o caso, porém, de você ser *o único* ligado à Matrix! Talvez você não tenha nem um corpo inteiro; você poderia ser apenas um cérebro flutuando num tanque de nutrientes e conectado a um computador que o está alimentando com sinais eletroquímicos.

Em suas *Meditações*, Descartes considera uma possibilidade ainda mais radical: todo o mundo material poderia ser uma ilusão. Você poderia ser um fantasma desencarnado sonhando que tem um corpo, ou uma mente sem corpo enganada por um demônio perverso e poderoso que o faz acreditar que a matéria existe.

Filósofos geralmente discutem experiências de pensamento estranhas como essas para levantar questões sobre a possibilidade de conhecimento. Se o conhecimento exige certeza absoluta, e se você não pode descartar a possibilidade (embora mínima) de que é um cérebro num tanque, então você não pode saber algo até mesmo tão elementar quanto se você tem ou não um corpo. Se o conhecimento não exige certeza, cenários como o de *Matrix* ainda apresentam toda sorte de problemas preocupantes. Afinal de contas, não está claro nem o que poderia ser considerado uma boa razão para você acreditar que não é um cérebro num tanque!

?

P

“Máquinas podem ter conhecimento?”

A

LOUISE ANTONY: Máquinas podem, sem dúvida, processar informações. Para a máquina ter conhecimento, entretanto, essa informação tem que ser informação “para” a máquina, isto é, a máquina tem que *entender* a informação que ela processa. O que isto envolveria?

Em primeiro lugar, os estados ou eventos na máquina que armazenam ou processam a informação (inclusive, por exemplo, bancos de dados e programas) teriam que estar profundamente integrados a todos os outros estados da máquina, em particular aos estados de entrada e saída de informações, de maneira análoga ao modo como nossos pensamentos e lembranças estão integrados a nossas percepções e a nossos comandos motores. Essa exigência de compreensão pela máquina é uma questão de como a máquina está *organizada funcionalmente* – como suas partes estão reunidas em relação às outras partes, e em relação à entrada e saída de dados.

A segunda exigência é de que os estados de entrada de dados – que fornecem informações – estejam adequadamente relacionados aos estados dos assuntos no mundo ao qual a informação se refere. Isto é uma *exigência de conteúdo* – uma exigência que diz o que é necessário para que os estados da máquina tenham realmente sentido. Para os seres humanos, os estados de entrada de informações são percepções, e o que uma percepção visual “significa” – aquilo a que ela se refere – é determinado por relações legítimas entre a estrutura física do objeto sob visão e os padrões de descarga nas células da retina que recebem o sinal. Em contraste, nos computadores que existem atualmente, as informações inseridas – que são seqüências num sistema de símbolos arbitrário – só têm significado na medida em que – e apenas se – nós, os usuários, damos significados a elas.

Você talvez tenha ouvido falar do Teste Turing para inteligência de máquinas. Trata-se de um critério proposto por Alan Turing, um brilhante especialista em lógica que construiu as bases matemáticas para os computadores digitais. A idéia de Turing era essencialmente a seguinte: fazer uma pessoa digitar perguntas para dois "respondentes" em lugares remotos – um deles um computador e o outro um ser humano. Se, depois de algum tempo longo o bastante, o interrogador não puder dizer a diferença entre a máquina e o ser humano, então a máquina deveria ser considerada inteligente.

O Teste Turing claramente não testa condições relevantes. O teste produz tanto positivos falsos quanto negativos falsos: positivos falsos porque um boneco animado eletronicamente, operado por rádio, poderia passar no teste; e negativos falsos porque poderia não passar qualquer criatura com mente mas que estivesse paralisada ou incapaz de produzir uma resposta comportamental. A maneira certa de considerar a questão é olhar além do comportamento da máquina para verificar se a melhor explicação para aquele comportamento é de que seu funcionamento interno corresponde às condições consideradas acima.

?

P

“O que é verdade? Como podemos saber se chegamos à verdade?”

R

RICHARD HECK: Muitas das questões mais profundas da filosofia se referem à verdade. E a questão sobre o que é verdade, com certeza, é uma das questões mais profundas da filosofia. Há vários tipos de respostas: uma proposição é verdadeira se ela corresponde a um “fato” do mundo; ou se ela é coerente com o resto do que acreditamos; ou se ela pode ser verificada com base em nossas experiências mais imediatas. Mas nenhuma dessas visões chegou a ser vitoriosa, e portanto alguns filósofos têm sido levados a negar que a verdade seja realmente uma propriedade muito interessante. Vamos conhecer essas visões brevemente.

As pessoas podem ser levadas a fazer a pergunta sobre o que é verdade por razões muito diferentes. Neste caso, acho que a preocupação é: se a verdade é realmente *suprema*, então nunca podemos saber realmente se chegamos à verdade. (Acho que isto não está muito longe do motivo para Pôncio Pilatos fazer a pergunta [João 18, 38].) Mas embora certamente haja uma preocupação aqui, não é realmente uma preocupação que se relacione à verdade.

A verdade é uma propriedade que algumas proposições têm e outras, não. Pode ser difícil afirmar em que campo uma determinada proposição cai. Mas podemos dizer pelo menos o seguinte. A proposição de que Wittgenstein era judeu é verdadeira se

Wittgenstein era judeu, e é falsa se ele não era. A proposição de que Frege era católico é verdadeira se Frege era católico, e é falsa se ele não era. Alguns filósofos, chamados de "deflacionistas", acham que aí está tudo o que pode ser dito sobre verdade. São aqueles que acham que a verdade não é uma propriedade muito interessante. Eu discordaria, mas todos nós podemos concordar que, mesmo se o que acabou de ser dito não seja *tudo* o que há para ser dito sobre a verdade, é *algo* que pode ser dito sobre a verdade.

Em algum sentido, essa observação – de que, normalmente, a proposição de que as coisas são deste modo é verdade se, e apenas se, as coisas são deste modo – já sugere que se uma proposição é verdadeira, isso depende de como as coisas são no mundo. Por exemplo, se a proposição de que Russell era alemão é verdadeira, isso depende, bem, de se Russel era alemão, e esta é uma pergunta sobre como as coisas são "lá fora".

Portanto, dito isto, como podemos saber se já chegamos à verdade alguma vez? A maneira óbvia de interpretar a pergunta é: como podemos saber, digamos, se é verdade que Wittgenstein era judeu? Considerando o que foi dito, entretanto, a pergunta sobre se é verdade que Wittgenstein era judeu é simplesmente a pergunta sobre se Wittgenstein era judeu. É claro que agora se avizinha uma questão muito grande: o problema do ceticismo, que levanta a pergunta sobre se podemos realmente saber o que quer que seja. Mas esta não é realmente uma pergunta sobre a verdade. Esta é uma pergunta sobre conhecimento.

?

P

"Você pode provar que a afirmação 'A verdade é relativa' é falsa? A verdade pode ser absoluta?"

R

RICHARD HECK: Há vários tipos de relativismo e alguns deles são relativamente não-controversos. Suponha que eu pergunte, "Benny Hill[3] é divertido?" Não é que as pessoas não possam discordar ou mesmo questionar isso, mas é que realmente não achamos que as pessoas tenham algum motivo para concordar: pode ser apenas que algumas pessoas o considerem engraçado e outras não, e ninguém está, no fim das contas, certo ou errado. É só uma questão de gosto, ou, neste caso, de senso de humor. Portanto, a verdade sobre a afirmação "Benny Hill é divertido" é, de uma maneira ou de outra, relativa à pessoa que está fazendo a afirmação.

Mas existe uma forma de relativismo muito extrema, de acordo com a qual tudo é relativo: a verdade de todas as afirmações é relativa à pessoa que as está fazendo. E a objeção a essa visão extrema sempre foi de que, no fim das contas, ela é incoerente porque – ou assim parece – a verdade da afirmação "A verdade é relativa" não pode ser ela própria relativa para a pessoa que a está fazendo. Do contrário, o relativismo extremo poderia ser verdadeiro para você mas não para mim, e neste caso, bem, não é verdadeiro para mim. Vamos explicar isso um pouco mais.

[3] Comediante inglês. (N. T.)

Façamos a seguinte pergunta: a verdade seria relativa a quê? O desafio mais familiar à forma mais extrema de relativismo – a alegação de que toda verdade é relativa – é simples e, para mim, nunca foi abordado adequadamente. É que a verdade de "A verdade é relativa" não deveria ser relativa. Mas podemos explicar o argumento um pouco mais.

Pergunta: relativa a quê? Responda à pergunta como quiser. O que quer que você me diga, eu introduzirei uma afirmação explícita sobre a condição alegada. Então, se a resposta é "relativa a padrões culturais", eu pedirei a você para considerar algo como: "mentir não é permitido, de acordo com os padrões predominantes da cultura X". Eu não posso sequer considerar que faz sentido que tal alegação (mentir é proibido) seja uma verdade apenas relativa aos padrões culturais. É como tentar considerar que faz sentido a frase "Está quente no Texas em Oklahoma".

Observe que nenhum argumento como esse poderia mostrar que a verdade não era, em algum sentido interessante, relativa *em alguma área em particular*. Isto não mostra, por exemplo, que afirmações morais não são verdadeiras apenas por serem relativas a padrões culturais, já que "Mentir não é permitido, de acordo com os padrões predominantes da cultura X" não é (pelo menos se pode argumentar) uma afirmação moral, mas algo relativo a padrões predominantes de uma cultura em particular. O que o argumento se propõe a mostrar é que tem que haver um nível no qual a verdade não é relativa a nada.

R

PETER LIPTON: Filósofos divergem em relação a isso, mas eu acho que existe algo como uma verdade absoluta.

Precisamos distinguir a questão da verdade da questão do conhecimento. Pode ser que não haja algo como "um conhecimento absolutamente certo", algo que acreditamos que seja verdade e sobre o qual não poderíamos estar errados. Mas mesmo que possamos ou não saber com certeza sobre uma verdade absoluta, esta verdade pode existir.

Ao mesmo tempo, precisamos aceitar que pode haver certas afirmações que não são absolutamente verdadeiras nem absolutamente falsas, porque elas não têm significado suficiente. Uma maneira em que isso pode acontecer é quando uma das palavras da afirmação é vaga. Então, pode ser que uma afirmação como "Pessoas que têm exatamente cem fios de cabelo na cabeça são carecas" não seja nem absolutamente verdadeira nem absolutamente falsa. Mas não se depreende disso que não existem verdades absolutas, porque não sucede de todas as afirmações usarem palavras vagas.

Pode haver algumas áreas onde não se tem uma verdade absoluta. Algumas pessoas diriam isso sobre afirmações sobre ética, outras sobre declarações relativas à beleza. Mas não se depreende disso que não existem áreas onde há verdade absoluta.

Então isto nos deixa algum exemplo plausível de verdade absoluta? Eis um exemplo: "Existem árvores no Oregon." Não é a declaração mais excitante, mas é verdade, e não apenas para mim. É simplesmente verdade, com certeza. Deixo agora para você a tarefa de citar exemplos mais interessantes.

?

P

“Como sabemos que a matemática contemporânea é correta?”

A

DANIEL J. VELLEMAN: Matemáticos tentam assegurar que estão corretos nunca aceitando uma afirmação matemática como verdadeira sem que haja uma prova. Obviamente é sempre possível que um matemático cometa um erro ao escrever ou checar uma prova, portanto, mesmo que um matemático tenha provado uma afirmação e a prova tenha sido checada por outros matemáticos, ainda existe uma pequena chance de haver um erro sutil em algum lugar na prova. (Tem acontecido ocasionalmente de uma prova matemática falha ser aceita durante anos antes de o erro ser localizado. Um exemplo famoso é a prova de Alfred Bray Kempe, em 1879, do Teorema das Quatro Cores, o qual foi aceito até Percy John Heawood apontar um erro, em 1890.) Portanto, se você está em busca de uma garantia absoluta de confiabilidade, acho que não a encontrará.

Mas mesmo que ignoremos o problema dos erros por *negligência*, há outras perguntas que alguém poderia levantar sobre se uma prova de alguma afirmação matemática garante ou não a verdade da afirmação. Geralmente, outras afirmações matemáticas são utilizadas na prova de uma afirmação matemática. Assim sendo, alguém poderia perguntar como sabemos que *aquelas* afirmações são verdadeiras. É claro que elas também têm provas, mas essas provas dependem de outras afirmações, e por aí em diante. Como todo esse processo começa? Hoje em dia, a maioria dos matemáticos considera que o ponto de partida são os axiomas de Zermelo-Frankel (ZF) da teoria dos conjuntos.

Podemos assegurar que os axiomas ZF são confiáveis? Um desses axiomas diz, por exemplo, que se dois conjuntos têm os mesmos elementos, eles são iguais; e outro afirma que a união de dois conjuntos é um conjunto. Algumas pessoas consideram os axiomas tão intuitivamente claros, que é razoável aceitá-los como verdades sem prova. Uma outra abordagem seria simplesmente definir "confiabilidade" em matemática como "a provabilidade dos axiomas ZF". Mas quase todo mundo concordaria que caso seja constado que os axiomas são inconsistentes, então eles não poderão ser corretos, portanto um passo na direção de assegurar a confiabilidade da matemática poderia ser provar a coerência dos axiomas. No início do século XX, o matemático alemão David Hilbert tentou encontrar essa prova numa tentativa de estabelecer a correção da matemática. Infelizmente, os famosos Teoremas da Incompletude, do especialista em lógica austríaco Kurt Gödel, provados em 1931, mostram que o projeto de Hilbert não pode ser realizado.

Apesar de todas essas preocupações com a certeza da matemática, acho que deve ser dito que a matemática parece ter um grau mais elevado de certeza do que outros campos de estudo. Físicos já não consideram as leis de movimento de Newton exatamente corretas, mas os teoremas de Euclides ainda são considerados corretos, mais de 2 mil anos depois.

?

P

“Alguma coisa é realmente impossível?”

R

ALEXANDER GEORGE: Os filósofos geralmente distinguem diferentes tipos de impossibilidades. Algumas situações consideradas entrariam em conflito com as leis da lógica, como a situação em que eu tenho mais de 30 anos e não tenho mais de 30 anos entra em conflito com a lei da lógica que diz que “A e não-A” é falso para toda afirmação A. Poderíamos dizer que essa situação é *logicamente* impossível, ou impossível *de acordo com as leis da lógica.*

Em comparação, algumas situações entram em conflito com as leis da física, como a situação em que eu estou me movendo mais rapidamente do que a velocidade da luz não é possível de acordo com a física contemporânea. Trata-se de uma situação que é logicamente, mas não *fisicamente*, possível. É impossível *de acordo com as leis da física.*

De maneira semelhante, poderíamos ter situações que seriam descritas como impossíveis *de acordo com as leis da química*, e por aí em diante. E talvez, quando alguém sugerir que seu marido ou sua mulher está tendo um romance, você se veja exclamando que isto é impossível, querendo dizer não que essa traição é incoerente com as leis da lógica, ou da física, mas é incompatível com o que você acredita ser verdade sobre seu cônjuge.

Se esta é a maneira certa de pensar sobre a impossibilidade, então nada é impossível – *tout court*. Uma situação é possível ou impossível apenas *de acordo com* certas suposições. E de acordo com qualquer grupo de suposições considerado, muitas situações serão impossíveis.

?

P

"Existe uma razão lógica para que a maioria das pessoas prefira suas próprias opiniões do que as de outra pessoa?"

R

LOUISE ANTONY: Eis uma razão conceitual: se eu "preferisse" a sua opinião à minha, no sentido de achar que a probabilidade de ela ser verdadeira é maior do que a da minha opinião atual, então presumivelmente eu mudaria minha opinião para concordar com a sua, e a sua opinião *se tornaria* minha.

R

PETER LIPTON: Em alguns assuntos, eu tenho boas razões para preferir minhas próprias opiniões, digamos, porque eu estava lá na hora e vi com meus próprios olhos. Mas considere as opiniões filosóficas. Por que eu me importo em formar minhas próprias opiniões? Por que eu não concordo simplesmente com tudo que o famoso filósofo americano Hilary Putnam diz, já que ele é tão famoso? Isto me pouparia um bocado de tempo, e eu poderia aumentar a confiabilidade de minhas opiniões. Bem, no caso da filosofia, eu imagino que parte da resposta seja que nós não nos importamos simplesmente em maximizar as chances de ter a resposta certa: nós também achamos que existe um valor particular em concluir coisas por nós mesmos.

Eis mais um ponto que sua pergunta levanta. A maioria de nossas opiniões não são apenas nossas opiniões, já que quase tudo que sabemos, sabemos por causa do que outras pessoas nos dizem. Filósofos argumentam se é a razão ou a experiência a principal fonte de conhecimento; mas num certo nível, a resposta não é uma coisa nem outra. O testemunho ou a comunicação vence com facilidade. Existe realmente muito pouca coisa que você sabe inteiramente por você próprio, sem depender do que os outros dizem a você.

?

P

"Outro dia, eu estava arrumando minhas coisas para uma viagem, perguntei a meu pai por que ele estava levando várias coisas extras e ele disse: 'Só para o caso de acontecimentos inesperados.'

Então a partir daí vem minha pergunta: se você espera o inesperado, então isso não torna o inesperado esperado e o esperado inesperado?"

R

PETER LIPTON: Mesmo se você espera o inesperado, ainda assim você pode se surpreender. Eu levei meu canivete suíço do exército porque esperava o inesperado, mas ainda assim fiquei surpreso quando tive que usá-lo para libertar um ouriço que se trancou no porta-luvas do meu carro. As pessoas que acreditam que a vida é cheia de surpresas geralmente estão certas.

R

ALEXANDER GEORGE: Quando alguém diz "Eu espero o inesperado", podemos compreender essa observação como entendemos a afirmação "Eu me tornei pai de alguém que não tinha pai". Ou seja, podemos interpretá-lo como se ele quisesse dizer que espera algum acontecimento que também não espera. Isto parece uma contradição.

Mas não seria isso uma compreensão equivocada do que ele está tentando dizer? O que ele espera não é algum acontecimento (que ele também não espera); em vez disso, o que ele espera é que ele não espere algum acontecimento. Sua expectativa aplica-se não a um acontecimento, mas a sua não-expectativa de algum acontecimento. O que ele espera é que haja algum acontecimento que ele não espera.

Essa expectativa é uma expectativa de *segunda ordem*: ela aplica-se a sua não-expectativa de primeira ordem de algum acontecimento. Minha expectativa de que uma conta de cartão de crédito chegue logo é uma expectativa de *primeira ordem* porque o objeto da expectativa é um acontecimento (que em si nada tem a ver com expectativas). Minha expectativa de que Melanie espere que eu pague o jantar é uma expectativa de segunda ordem, porque é uma expectativa *sobre uma expectativa*.

Por isso, como diz Peter Lipton, "Mesmo se você espera o inesperado, ainda assim você pode se surpreender": o que surpreende você e o que você esperava são coisas diferentes. Você está surpreso com o fato de haver um ouriço em seu porta-luvas, mas não está surpreso com o fato de algo ter surpreendido você.

?

P

"Freqüentemente eu fico impaciente quando alguém afirma que alguma coisa é 'óbvia'. É errado não querer aceitar essas afirmações? Não é lógico querer uma justificativa para elas?"

R

ALEXANDER GEORGE: Existe uma velha história sobre um famoso matemático. Ele havia acabado de afirmar em sala de aula que um resultado era óbvio quando um estudante levantou a mão e manifestou alguma incerteza. O matemático pareceu intrigado, depois se sentou e começou a pensar. Minutos, depois horas, se passaram enquanto ele estava mergulhado em pensamentos. O tempo da aula estava quase acabando quando o matemático levantou a cabeça e triunfantemente proclamou: "Sim, eu estava certo: isto *é* óbvio!"

A piada aqui tem relação com aquilo que torna sua pergunta um pouco estranha. Você parece querer uma justificativa para uma afirmação que é apresentada como básica ou óbvia. Mas se o autor da afirmação a toma como básica, então presumivelmente ele acha que ela necessita menos de defesa do que qualquer consideração que ele possa oferecer para justificá-la. Em outras palavras, se ele acha que poderia apresentar uma justificativa para a afirmação, então presumivelmente ele não consideraria a afirmação básica ou fundamental.

Podemos explicar esse raciocínio de outra maneira, refletindo sobre a natureza da justificativa. Freqüentemente, uma justificativa consiste de um argumento, isto é, uma coleção de premissas (ou suposições iniciais) cuja verdade é vista como algo que torna uma afirmação mais provável. Agora, um argumento não conseguirá ser persuasivo se o ouvinte não quiser aceitar suas premissas sem que haja justificativas. Portanto, ao exigir justificativas para algo que se afirma ser óbvio, você sinaliza sua vontade de aceitar algo como óbvio (isto é, as premissas do argumento de justificativa)! Ao pedir uma justificativa, não escapamos da necessidade de considerar algo óbvio; em vez disso, damos mais peso a alguma outra afirmação que estamos, pelo menos no momento, satisfeitos por manter.

?

P

“A expressão ‘antes do Big Bang’ faz algum sentido, já que o Big Bang é o começo de tudo, inclusive do tempo?”

R

MARC LANGE: Eu também tenho ouvido dizer que a expressão “antes do Big Bang” não faz sentido. Já vi fazerem uma analogia entre “antes do Big Bang” e a expressão “mais ao norte do que a latitude de 90 graus ao norte”. Assim como esta última expressão não se refere a nenhuma localização real na Terra, supõe-se que a outra se não refira a nenhuma localização no tempo. De acordo com o atual quadro do Big Bang feito pela cosmologia (conforme eu entendo), a analogia é apropriada. (É claro que isto não descarta a possibilidade de que acontecimentos científicos resultem em correções da teoria do Big Bang.)

Pode parecer insatisfatório para você que uma teoria científica consiga simplesmente descartar como “sem sentido” uma noção que parece ser perfeitamente lógica. Intuitivamente, parece que a pergunta “O que aconteceu antes do Big Bang?” deveria ter uma resposta comum, e não uma resposta que fuja à pergunta, tal como “Esse tempo não existe”. Entretanto, a história da ciência é cheia de exemplos de perguntas que antes eram consideradas triviais (embora talvez até então não descobertas), mas que mais tarde descobriu-se que não eram. Essas descobertas não eram pretextos para fugir das perguntas, mas sim conseqüências de teorias científicas bem confirmadas. Antes se acreditava, por exemplo, que para um corpo continuar se movendo a uma velocidade, numa direção constante, alguma coisa precisava estar continuamente agindo sobre ele; do contrário ele perderia velocidade e acabaria parando. Esta parece ser uma idéia lógica, baseada na experiência do dia-a-dia. Entretanto, Newton descobriu que a pergunta "O que mantém esse corpo se movendo a uma velocidade constante numa direção constante?" não tem resposta porque se baseia numa visão errada. De acordo com a primeira lei de movimento de Newton, um corpo que não é impulsionado por nenhuma força continuará se movendo uniformemente; forças causam acelerações (mudanças na velocidade e na direção do movimento), e o movimento numa velocidade constante e numa direção constante não envolve nenhuma aceleração. De modo que o movimento poderia ser mantido indefinidamente, e seria mantido indefinidamente na ausência de alguma coisa agindo para mudá-lo. Talvez a ciência tenha descoberto que a pergunta "O que aconteceu antes do Big Bang?" seja, neste sentido, como a pergunta pré-newtoniana "O que está mantendo esse corpo numa velocidade constante e numa direção constante?"

?

P

“Praticamente toda teoria da história da ciência foi revista ou totalmente rejeitada. Não existiriam, então, amplas evidências para pensar que todas as nossas teorias atuais são falsas? Como podemos estar tão certos de que a ciência oferece nada mais do que uma série de crenças, como as religiões ou os mitos?”

R

PETER LIPTON: Teorias científicas mais recentes freqüentemente contradizem as teorias que elas substituem. Isto significa que a ciência não lida com a verdade? Existe um argumento simples e bastante discutido que fundamenta essa conclusão. O argumento é conhecido como “indução pessimista”: sabe-se hoje que todas as teorias científicas com, digamos, mais de 200 anos são falsas, então é provável que se acabe descobrindo que todas as teorias presentes e futuras serão falsas também. Lá se vai a nossa idéia de busca pela verdade através da ciência.

Várias respostas podem ser dadas por aqueles que, como nós, pensam que a ciência está nesse ramo da verdade. Podemos nos esquivar com a premissa da indução pessimista: certamente nem *todas* as teorias com mais de 200 anos são hoje consideradas falsas. Ainda acreditamos na teoria de que o sangue circula no corpo, e essa teoria tem mais de 200 anos. Mas mesmo que a premissa seja um exagero, muitas de nossas melhores e mais longevas teorias são contrariadas por aquilo no qual acreditamos hoje. Se Einstein, por exemplo, está certo sobre a natureza do movimento, então Newton estava errado. Com certeza Newton faz boas previsões quando a velocidade dos corpos é baixa, mas mesmo assim a teoria é, estritamente falando, incorreta. (E provavelmente não apenas estritamente falando: o próprio conceito de massa é diferente para Einstein do que o é para Newton.)

Outra reação à indução pessimista é enfatizar que afirmar que a ciência está na busca da verdade não significa que você tenha que dizer que as teorias científicas atuais são a verdade, toda a verdade, nada mais que a verdade. É suficiente que nossas teorias sejam aproximadamente verdadeiras, e que a aproximação esteja aumentando. Então alguém que pensa que a ciência está lidando com a verdade pode simplesmente admitir que provavelmente quase nenhuma teoria era ou será verdadeira por completo.

Eis aqui uma resposta admissível para a indução pessimista. O fato de termos cometido erros no passado torna de fato mais provável que cometamos erros no futuro? Agora temos instrumentos melhores e mais dados do que tínhamos. E, de qualquer modo, aprendemos com nossos erros. Assim, talvez o fato de termos construído teorias e depois compreendido onde elas estavam erradas realmente torne não menos provável, mas *mais* provável que as futuras teorias sejam verdadeiras!

?

P

“Por que as leis da moralidade geralmente se opõem às maneiras de comportamento incentivadas pela lei da evolução? A maioria dos códigos morais, por exemplo, incentiva a monogamia enquanto a teoria da evolução diz que a seleção natural favorece a promiscuidade.”

R

SHARON STREET: Para alegria dos fãs da fidelidade, a monogamia e a moralidade têm origens evolucionárias mais profundas do que você possa imaginar.

Imagine que você seja uma mulher primitiva tentando decidir entre dois homens primitivos. Suponha que há igualdade de força, inteligência, recursos, senso de humor, aparência e por aí em diante – com uma única diferença: um deles é um Don Juan instável e namorador; o outro está disposto a se comprometer por toda a vida e tem olhos apenas para você. Escolha o namorador e você e sua prole terão que se defender sozinhas. Escolha o sr. Fidelidade, no entanto, e você e seus filhos terão todos os cuidados, toda a atenção e todos os recursos que esse homem tem a oferecer. Você pode ver por que a seleção natural vai favorecer as mulheres que preferirem o sr. Fidelidade, mesmo as outras coisas sendo iguais: com a sua ajuda, você terá uma chance maior de deixar mais descendentes. A evolução dessa preferência entre as mulheres, por sua vez, cria uma pressão seletiva correspondente sobre os homens para que eles *sejam* o sr. Fidelidade, e não o Don Juan, enquanto as mulheres cada vez mais deixam de dar atenção a este último e ficam loucas pelo anterior.

Agora imagine que você seja um homem primitivo. Você tem recursos a investir (talvez uma bela caverna ou grandes habilidades de caça) e está escolhendo entre duas mulheres primitivas: srta. Promíscua e srta. Fidelidade. Escolha a primeira e você poderá acabar inconscientemente despejando seus valiosos recursos nos filhos de outro homem. Escolha a outra, porém, e não há chance de isso acontecer. Você pode ver por que a seleção natural favorecerá homens que preferirem dividir seus recursos com a srta. Fidelidade e sua prole. A evolução dessa preferência entre os homens, por sua vez, cria uma pressão seletiva correspondente sobre as mulheres para que elas *sejam* a srta. Fidelidade e não a srta. Promiscuidade.

Tudo isso foi exageradamente simplificado, mas você entendeu: às vezes a seleção natural pode favorece a monogamia (como ilustram as estratégias de acasalamento de castores, pombos e muitas outras espécies). O mesmo vale para a moralidade de maneira mais geral. Você pode pensar que, na luta para sobreviver e reproduzir, bons rapazes e boas moças sempre ficam por último, mas isto é falso. Se indivíduos altruístas podem se encontrar e trabalhar juntos, e se eles podem identificar indivíduos implacavelmente egoístas, puni-los e excluí-los, então os altruístas conseguirão colher tremendos benefícios de cooperação que não estão disponíveis aos puramente egoístas. Desta maneira, a seleção natural pode favorecer, e muito, o comportamento altruísta.

Entretanto, a vida nunca é simples, e às vezes a estratégia de reprodução mais eficiente é não *ser* o altruísta nem o sr. ou a srta. Fidelidade, mas *parecer sê-lo* (talvez até mesmo para você mesmo), embora enganando o cônjuge um pouco, ou às vezes muito, na surdina. Portanto, a natureza humana é uma mistura de coisas. Mas o fundamental é que nossa natureza moral tem uma base evolucionária tão profunda quanto a nossa natureza de auto-interesse. E o raciocínio do filósofo David Hume deve ser sempre lembrado: das observações sobre os tipos de criaturas que nós *somos*, nada – pelo menos sem um bocado de discussão – se depreende acerca dos tipos de criatura que *devemos* ser. O que é "melhor" de um "ponto de vista" evolucionário (não um ponto de vista real de maneira alguma) não é de maneira alguma sempre o melhor do *nosso* ponto de vista. E é o *nosso* ponto de vista que importa para a ética. Então não traia!

?

P

“O que aconteceria se se provasse que a seleção natural é errada? Isto não mostraria que a nossa compreensão da realidade é relativa? E se é relativa, como temos certeza de que o modo como compreendemos nosso ambiente é correto?

Eu realmente preciso que você responda a essa pergunta porque tenho medo de dedicar toda a minha vida a algo que mais tarde vai se provar completamente errado!”

R

RICHARD HECK: Ao longo dos séculos, tem havido muitos exemplos de teorias bem confirmadas que mais tarde se mostraram erradas. Geralmente, não estavam *simplesmente* erradas. Havia algo certo, mas acontecia de haver problemas e era preciso introduzir uma teoria bastante diferente, muitas vezes com uma metafísica completamente diversa. A seleção natural, tão bem confirmada quanto parece hoje, poderia estar errada.

Portanto, sim, não há mais garantia de que nossa compreensão do mundo esteja correta do que havia em relação à compreensão de nossos ancestrais. Isto não mostra que *o modo de ser da realidade* é “relativo”, mas apenas que, como você afirma corretamente, nossa *compreensão* da realidade está condicionada pelo tempo e pelo espaço nos quais nos encontramos. Há muita coisa que não sabemos, e muita coisa que pensamos saber, mas que, na verdade, não sabemos.

Contudo, isto não quer dizer que não tenhamos boas razões para acreditar no que acreditamos. Nós temos. Se chegarmos a ter uma boa razão para acreditar em alguma outra coisa, então, se somos racionais, acreditaremos nessa outra coisa. Mas até encontrarmos uma razão melhor para acreditar em outra coisa, devemos, bem, acreditar naquilo para o qual temos a melhor razão para acreditar. Que a teoria x *possa* um dia ser refutada não é uma razão para não se acreditar nela. Se fosse, não teríamos razão para acreditar em coisa alguma. E é claro que temos uma razão. Neste exato momento, por exemplo, tenho uma excelente razão para acreditar que estou escrevendo uma resposta para uma pergunta sobre filosofia, e temos uma excelente razão para acreditar que as espécies evoluem por meio de uma seleção natural.

Falando de maneira prática, eu lhe aconselharia a parar de se preocupar em errar. Estar certo no final não é realmente o que importa. Copérnico estava errado, Newton estava errado e Franklin estava errado. Entretanto, todos eles deram contribuições incrivelmente importantes para a nossa compreensão do mundo em torno de nós. Dificilmente poderíamos ter a compreensão que temos hoje de cosmologia, gravidade ou eletricidade sem o trabalho deles.

?

P

"Pode haver um acontecimento que seja inteiramente aleatório?"

R

DANIEL J. VELLEMAN: Considere jogar uma moeda para fazer cara ou coroa. Isto parece aleatório, no sentido de que não parece que sejamos capazes de prever o resultado. Metade das vezes a moeda cai como cara e a outra metade, como coroa, e não sabemos o resultado até que a moeda caia. Mas em outro sentido, isto não parece aleatório: se você soubesse a velocidade em que a moeda estava girando, sua exata posição sobre a mesa, as correntes de ar na sala etc., então as leis da física permitiriam a você prever como ela cairia. Se você pensa na aleatoriedade como sendo um tipo de indeterminação no mundo, independente de nosso conhecimento, então o cara ou coroa não parece aleatório. É difícil saber qual é a melhor maneira de pensar na aleatoriedade.

Talvez o melhor lugar para se procurar acontecimentos aleatórios seja a mecânica quântica. Considere um simples átomo de uma substância radioativa. A mecânica quântica nos permite computar a probabilidade de o átomo se desintegrar no próximo segundo. De acordo com algumas interpretações da mecânica quântica, se o átomo vai se desintegrar ou não no próximo segundo não é algo determinado pelo atual estado do universo, portanto é algo aleatório, não apenas no sentido de que não podemos prever, mas também no sentido de que mesmo que soubéssemos tudo que há para saber sobre o átomo agora, ainda assim não conseguiríamos prever. (Compare isso com o exemplo da moeda, no qual se soubéssemos tudo sobre o estado da moeda poderíamos prever o resultado do cara ou coroa.) Foi a insatisfação de Einstein com esse tipo de interpretação da mecânica quântica que o levou a argumentar que "Deus não joga dados com o universo". Uma alternativa são as chamadas interpretações da "variável oculta" da mecânica quântica, nas quais há informações adicionais desconhecidas para nós ("variáveis ocultas") que determinam, antecipadamente, se o átomo vai se desintegrar ou não. Nesse tipo de interpretação da mecânica quântica, a desintegração do átomo é aleatória apenas no mesmo sentido em que o cara ou coroa é aleatório – não podemos prever, mas só porque nos falta conhecimento sobre o estado da situação. Muitas pessoas acreditam que as interpretações da variável oculta da mecânica quântica têm se provado impossíveis, mas existe, na verdade, uma teoria de variáveis ocultas bem-sucedida que foi desenvolvida pelo físico David Bohm.

Então a desintegração de um átomo é aleatória? A resposta é que ela pode depender de como você interpreta a mecânica quântica, e pode também depender de como você interpreta a palavra "aleatório".

?

P

“A ciência nos diz que o espaço é infinito e está sempre se expandindo. Mas, se é infinito, como pode se expandir? E dentro do que ele está se expandindo?”

R

DANIEL J. VELLEMAN: Quando cientistas dizem que o espaço está se expandindo, eles não querem dizer que o espaço tem um limite e que ele está se movendo para fora desse limite – na verdade, isto seria incompatível com o fato de o espaço ser infinito e, portanto, sem limites. Eles também não querem dizer que o espaço está se expandindo “em” alguma outra coisa – algum “superespaço” que contenha o espaço. Tudo o que eles querem dizer é que as distâncias entre pontos do espaço estão aumentando. Isto pode ocorrer mesmo que o espaço seja infinito, e não exige que a expansão aconteça em algum espaço maior.

Para entender isso, vale distinguir duas abordagens diferentes que os matemáticos usam para definir as propriedades geométricas de um espaço: a abordagem extrínseca e a abordagem intrínseca. A abordagem extrínseca envolve relacionar o espaço a algum espaço maior dentro do qual ele se situa; a abordagem intrínseca usa apenas o próprio espaço, e não algum espaço maior dentro do qual ele está.

Suponha, por exemplo, que queiramos estudar a curvatura da superfície da Terra. Uma maneira de ver que a superfície da Terra é curvada é imaginar um plano reto tangente a sua superfície em algum ponto. Podemos detectar e medir a curvatura da superfície da Terra observando que a superfície se desvia do plano tangente, e medindo o tamanho desse desvio. Mas esse desvio acontece dentro do espaço tridimensional no qual a Terra está envolvida, portanto esta é uma medida extrínseca da curvatura. É possível também detectar a curvatura da superfície da Terra fazendo medições que acontecem inteiramente na sua superfície. Se você desenhar, por exemplo, um grande triângulo na superfície da Terra e medir os ângulos do triângulo, descobrirá que eles somam mais de 180 graus. Essa medida não faz referência alguma a um espaço mais amplo contendo a superfície da Terra, portanto é uma medida intrínseca da curvatura da superfície.

Os cosmólogos usam apenas a abordagem intrínseca quando discutem a geometria do espaço. Portanto, nenhuma dessas discussões envolve qualquer referência a um espaço mais amplo dentro do qual está o espaço. Embora eles possam usar palavras que sugerem esse espaço maior, tais como "expansão" ou "curvatura", essas palavras estão sempre sendo usadas para se referir a alguma propriedade intrínseca do próprio espaço, e não a alguma relação entre o espaço e um espaço maior.

?

P

"O que acontece com um momento depois que ele ocorre?"

R

MARK CRIMMINS: Nada acontece com os momentos; as coisas acontecem neles. Depois que o momento passa, nada que acontecer acontecerá nele.

Um momento passado pode, entretanto, ainda ser lembrado e comentado. Isto exige que em algum sentido ele "ainda exista" e seja, realmente, eterno? Certamente há *algo* que estamos lembrando e comentando. Ou isto é um erro? Poderia ser, em vez disso, que embora *tenha havido* alguma coisa que estamos lembrando e comentando, *não haja* nada que estejamos lembrando ou comentando? Mas é coerente dizer que, além de todas as coisas que existem, *existem* também coisas que eram, mas já não são mais? Isto certamente soa por si mesmo contraditório. Que tal: além de todas as coisas que há, *há-ou-havia* também coisas que eram, mas já não são mais? Aqui, "existe-ou-existia" funciona como um "quantificador" que cobre coisas que já não existem. Alguns filósofos sustentam que, se você usa um quantificador como esse, você está comprometido com a visão de que as coisas que ele cobre *existem* (porque é preciso que haja coisas que ele cubra, para que ele as cubra). Podemos reagir: "Não! Essas coisas simplesmente têm que *existir-ou-ter-existido*?" É possível resolver essa discordância? Ela é substancial ou simplesmente um jogo de palavras?

P

“Filósofos são mais bem-sucedidos em suas decisões pessoais do que a média das pessoas?”

R

RICHARD HECK: Na faculdade, eu tinha um professor que era um judeu devoto assim como uma autoridade em Kant. Kant, você talvez saiba, era bastante anti-semita. Perguntei a meu professor como ele lidava com isso. Ele me disse, “Não se esperaria que um geômetra fosse um triângulo” – com isso, eu entendi, ele quis dizer que alguém que pensa profundamente em questões morais não precisa ser muito bom em pôr a teoria em prática.

R

JYL GENTZLER: E por que alguém não pode esperar que uma pessoa com visão filosófica, como Kant, faça sempre a coisa certa?

Sócrates supunha que uma vez que sabemos o que devemos fazer automaticamente agimos como deveríamos agir. Seu aluno Platão discordava – assim como a maioria dos filósofos desde então. Temos outras fontes de motivação além do conhecimento sobre o que é melhor. Como Platão explicou, temos certos apetites – sejam eles naturais ou adquiridos – que são insensíveis a considerações sobre o que é melhor, e temos respostas emocionais que não são perfeitamente ajustadas a nossa visão sobre o que é melhor. Por este motivo, mesmo que eu acredite que é uma má idéia ceder a uma tentação, eu ainda posso ter apetites ou emoções que superem meu melhor julgamento. Portanto, por exemplo, eu sei que seria uma boa idéia me exercitar mais. Por mais que eu ache desagradável a atmosfera na academia de ginástica e por mais cansativo que seja vestir-me apropriadamente com roupas quentes para enfrentar o frio numa longa caminhada durante o inverno, esses danos imediatos obviamente são superados pela saúde e pelos benefícios psicológicos e estéticos a longo prazo dos exercícios regulares. E ainda assim, durante os meses de inverno, eu simplesmente não consigo me motivar nem para ir à academia nem para dar uma caminhada rápida.

?

P

"Sempre me afligiu a idéia de que a filosofia não é algo que tenha feito qualquer progresso real. Por que gastar tempo construindo teorias elaboradas que não são cientificamente provadas? Por que gastar tanto tempo refletindo sobre questões (1) cujo progresso é difícil de ser avaliado e (2) cujas idéias resultantes não mudam realmente o mundo de maneira significativa?"

R

RICHARD HECK: É comum reclamar que a filosofia nunca faz progresso algum. Mas essa reclamação, quando não está baseada em falta de informações, me parece estar fundamentada numa concepção irracionalmente limitada sobre o que constitui progresso.

Acho bastante óbvio que a filosofia tem dado profundas contribuições ao conhecimento e à cultura humanos. *Dois Tratados sobre o Governo*, de John Locke, por exemplo, estabeleceu a base do sistema político dos Estados Unidos – Jefferson tirou partes da Declaração de Independência do segundo tratado, palavra por palavra – e, apesar das muitas verdadeiras falhas no sistema de governo, seu desenvolvimento foi uma coisa boa. Mas talvez você não estivesse pensando em filosofia moral. Bem, *Meditações sobre a Filosofia Primeira*, de René Descartes, ajudou a estabelecer uma concepção do mundo, bem como o que é necessário para o conhecimento deste, permitindo à ciência empírica, conforme a conhecemos, crescer e florescer, e isto também foi algo muito bom. Mas talvez também não seja isso o que você tem em mente.

Falando por mim mesmo, tendo a pensar em filosofia (fora da ética) como o que uma coisa é antes de ser ciência. De fato, na época de Descartes, não havia divisão alguma entre filosofia e ciência. Havia apenas "filosofia moral" e "filosofia natural", e tanto *Meditações* quanto o trabalho de Descartes sobre ótica foram parte do que ele chamaria de "filosofia natural". Mas foi preciso um raciocínio do tipo que agora chamaríamos de "filosófico" para que Descartes e outros chegassem à compreensão que lhes permitiu iniciar o tipo de trabalho que chamaríamos agora de "ciência física".

Esse padrão repetiu-se durante os últimos séculos. A psicologia empírica, tal como a conhecemos, existe há pouco mais de um século. Seus primeiros praticantes – William James é um bom exemplo – eram filósofos tanto quanto cientistas. Para a ciência da psicologia nascer, foi preciso muito trabalho para tentar lidar com o que os problemas eram e como eles poderiam ser abordados de maneira inteligente antes que se pudesse fazer muito no sentido de realmente abordá-los. E é possível traçar as origens da psicologia científica até Descartes, passando por David Hume.

Em algumas áreas da psicologia hoje ainda há muito trabalho semelhante a ser feito. Isto é especialmente verdadeiro no que diz respeito ao trabalho sobre a consciência.

Esse mesmo tipo de padrão repetiu-se novamente quando o behaviourismo foi destronado e substituído pela psicologia cognitiva e pelo "modelo computacional da mente". Muitas das principais figuras desse episódio se descreveriam como filósofos, embora alguns deles pudessem também se descrever como psicólogos ou lingüistas. E, para ser honesto, não estou realmente muito certo de que uma distinção rígida e apressada entre filosofia e ciência seja mais útil a nós do que foi para Descartes.

É verdade que muitas antigas questões filosóficas ainda não foram resolvidas: o problema mente-corpo, o problema do livre arbítrio e por aí em diante. Mas eu não acho que seja verdade que não tenha havido progresso algum nesses problemas, e certamente não é verdade que não tenhamos feito progresso algum na compreensão da natureza da mente. O progresso tem sido lento, e nem sempre é fácil dizer quando houve progresso, mas talvez isto aconteça só porque os problemas são muito difíceis. Nos últimos dois anos, houve progresso suficiente e a psicologia empírica é hoje um campo que floresce, e o trabalho dos filósofos tem muito a ver com isso.

?

P

"Por que os filósofos não concordam?

Nas ciências naturais, você encontra discordâncias nas fronteiras de novas pesquisas, mas, depois de algum tempo, chega-se a um entendimento e as fronteiras avançam para novas áreas de investigação. Na filosofia, nada deixa de ser controverso. Como se poderia identificar um avanço em filosofia?"

R

NICHOLAS D. SMITH: Os filósofos não concordam *porque não me ouvem*! Brincadeira. Na verdade, eu realmente odiaria se a reação de todo mundo a minhas opiniões fosse: "Ah, está certo. Bem, é isto então". Seria o *fim* da filosofia, e não quero contribuir para *isso*!

Há muitas diferenças entre o que a ciência faz e o que a filosofia faz, e uma dessas diferenças tem a ver com o que eu chamaria de domínio das "respostas apropriadas". Em ciência, as respostas apropriadas incluem (mas elas não estão totalmente limitadas a isso) aceitar a teoria e os dados oferecidos para sustentá-la, deixando a teoria na gaveta enquanto se tenta reproduzir os dados oferecidos para sustentá-la; e rejeitar a teoria porque alguém tem outros dados incompatíveis com ela.

Muito do que acontece em filosofia (tanto em áreas de progresso quanto em áreas paradas) se dá porque não temos acesso a dados que claramente confirmem ou refutem nossas teorias. Nosso processo é muito menos claro e muito menos organizado –

ainda estamos jogando com as mesmas regras com as quais o antigo filósofo Sócrates trabalhava. Um filósofo declara uma teoria e o resto de nós, agindo como Sócrates, tenta apresentar motivos para achar que a teoria é falsa, falha ou está incompleta. Num certo sentido, então, a maior honra e atenção que um filósofo pode dar ao trabalho de outro (embora nem sempre aconteça assim, tenha isso em mente!) é tentar refutar seu trabalho, porque mais atenção filosófica significa atenção *crítica* – alguém está dedicando tempo e recursos intelectuais para refutar meu trabalho, anunciando ao mundo que acha meu trabalho *importante o suficiente para merecer tamanha atenção*, em vez de esquecê-lo e se manter em silêncio. Os melhores amigos no campo são freqüentemente aqueles que são críticos filosóficos um do outro na profissão – e isto porque entendemos o *ethos* da atividade filosófica e o progresso filosófico. Nós meio que *voltamos* ao futuro, refutando teorias atuais e depois tentando entender o que elas nos mostram para alguma tentativa teórica futura.

Portanto, um motivo pelo qual os filósofos nunca concordam é que *não devemos concordar*! Nosso trabalho é *discordar*, a um nível bastante significativo, porque é assim que fazemos o melhor para verificar se as teorias que estão diante de nós são verdadeiras. Se as melhores mentes na área não conseguem encontrar uma maneira de discordar... bem, então, talvez esta seja A Resposta Final. Mas carreiras inteiras na filosofia são feitas chegando a novas discordâncias, e, portanto, somos muito pouco inclinados a concordar com as teorias uns dos outros – porque concordando com elas estaremos, efetivamente, reconhecendo que não somos inteligentes o suficiente para encontrar falhas que poderiam haver nelas.

Mas isto não significa que não façamos progresso. Certamente há teorias filosóficas que foram afastadas para sempre (e por bons motivos), e está muito claro que, graças à nossa forma crítica de "controle de qualidade", nossas teorias sejam agora muito mais sofisticadas (e menos facilmente refutadas) do que aquelas cujas falhas estudamos e aprendemos de cor em nossa aprendizagem.

?

PARTE II

o que devo fazer?

É muito fácil mencionar algumas das opiniões de nosso dia-a-dia cuja verdade está sem dúvida relacionada com a Ética. Cada vez que dizemos, "É um homem mais ou menos bom", ou "Aquele sujeito é um crápula"; quando perguntamos, "O que devo fazer?" ou, "Está errado fazer assim?"; cada vez que ousamos fazer observações como "A moderação é uma virtude e beber muito é um vício" – é sem dúvida tarefa da Ética discutir essas questões e essas afirmações; argumentar qual é a resposta verdadeira quando perguntamos qual é a coisa certa a fazer; e dar motivos para pensar que nossas afirmações sobre o caráter das pessoas ou a moralidade das ações são verdadeiras ou falsas. Na grande maioria dos casos, quando fazemos afirmações envolvendo os termos "virtude", "vício", "obrigação", "certo", "dever", "bom" e "mau", estamos fazendo julgamentos éticos; e se queremos discutir a verdade delas, discutiremos uma questão de Ética. Até aqui não há discordância; mas isto não chega a ser uma definição do território da Ética. Esse território pode ser, de fato, definido como a verdade total sobre o que ao mesmo tempo é comum a todos esses julgamentos e peculiar a eles. Mas ainda temos que fazer a pergunta: o que é nesse caso comum e peculiar? E esta é uma pergunta para a qual muitas respostas diferentes têm sido dadas por filósofos éticos de reputação reconhecida – e nenhuma delas, talvez, completamente satisfatória.

— **G.E. MOORE,**
PRINCÍPIOS ÉTICOS

P

"É moralmente errado lucrar com os erros e a estupidez de outras pessoas?"

R

THOMAS POGGE: Depende muito de esse lucro ser passivo ou ativo (tirando vantagem). O *lucro passivo* geralmente é aceitável (como quando você continua a desfrutar de uma bela vista de sua sala porque seu vizinho acredita de maneira equivocada que seria ilegal construir outros andares na propriedade dele). *Tirar vantagem* é em geral algo errado, principalmente quando, ao explorar a estupidez de uma pessoa, você a faz errar (levando-a, por exemplo, a fazer uma aposta em um jogo com chances nulas de vitória). De certa forma, casos menos ativos são aqueles nos quais você não tem nenhuma participação no erro, embora faça alguma coisa para explorá-lo. Isto pode ser errado, como quando você apanha um dinheiro que alguém deixou cair e o guarda, em vez de tentar devolvê-lo ao dono. Ou pode ser tolerável em casos menores, como quando você guarda algum troco que encontra no compartimento de devolução de moedas de um telefone público.

A situação moral muda quando se trata de jogos competitivos, nos quais o lucro é compreendido como parte do jogo. Nesse tipo de jogo (como xadrez, pôquer, boxe), está certo enganar seu adversário levando-o a cometer um erro e depois explorar esse erro o máximo que puder. O mesmo é válido para uma competição entre empresas ou países. Mas há três pré-requisitos: primeiro, você pode explorar os erros de seu adversário apenas até onde as regras permitem – você não pode, por exemplo, oferecer a seu adversário de xadrez um remédio para dormir que (você espera) o leve a cometer um erro, ou usar o erro de seu adversário numa luta para asfixiá-lo até morrer; segundo, a entrada de seu adversário tem que ser voluntária e não por você tê-lo atraído a entrar no jogo explorando sua estupidez (isto é, sugerindo que você é um boxeador muito ruim ou um péssimo jogador de pôquer, quando na verdade não é); e terceiro, as regras do jogo devem ser moralmente aceitáveis – tirar vantagem de um erro de outra pessoa pode não ser algo justificável no contexto de um jogo competitivo no qual as regras lhe dão vantagem desde o início (ou são moralmente inaceitáveis, como num duelo).

?

Q

“Foi ético os judeus evadirem impostos na Alemanha nazista?”

R

OLIVER LEAMAN: É uma questão interessante ver até que ponto viver num Estado que persegue um grupo de pessoas justifica uma retaliação por meio de desobediência à lei. É claro que até onde a natureza prática dessas coisas vai, a escolha de pagar ou não pagar impostos não é bem uma escolha, já que é preciso pagá-los, e as conseqüências de não pagar foram sem dúvida especialmente duras na Alemanha nazista. Os judeus foram particularmente selecionados pelo sistema de impostos, sobretudo quando queriam emigrar, e seus bens foram logo removidos através do sistema legal do Terceiro Reich. Não seria possível que isso significasse que lhes era moralmente permitido desobedecer à lei em situações nas quais era do interesse deles fazer isso, e era possível fazer isso?

Acho que é preciso ser muito cuidadoso aqui. Muitas leis devem ser mantidas porque tornam suportável a vida comum no Estado. Outras leis, porém, não têm esse caráter geral e podem ser consideradas válidas apenas se elas são parte de um sistema razoavelmente benéfico. Segundo um parente idoso meu, que foi refugiado da Alemanha nazista, os socialistas que lutaram contra a polícia em manifestações, durante a República de Weimar, debateram longa e intensamente entre eles se ao escapar de oficiais da polícia eles poderiam invadir gramados onde houvesse cartazes proibindo o acesso. A opinião deles era de que era do interesse de todos que a grama ficasse intacta, e nada que o Estado pudesse fazer invalidaria esse fato.

Este talvez seja o padrão pelo qual a questão dos impostos poderia ser julgada. Era do interesse de todos na Alemanha que os impostos fossem pagos? A resposta provavelmente é negativa, e se fosse possível enfraquecer o regime com o não pagamento, melhor assim. Acho que neste caso tanto as exigências morais do caso quanto nossas intuições levam à mesma direção.

?

P

“Existe alguma constante moral ao longo do tempo? Existe alguma coisa que todas as sociedades rejeitam como imoral? Achamos hoje, por exemplo, que a escravidão é errada, mas outras sociedades, em outras épocas, tiveram poucos problemas com isso. Isto é relativismo cultural?”

R

JYL GENTZLER: Quando você olha o mundo ou estuda a história humana, é fácil ficar impressionado com a aparente diversidade da opinião moral. Além do mais, pode parecer que certas discordâncias morais – como a moralidade do aborto – não têm uma solução racional. E essa observação pode facilmente levar à conclusão de que a moralidade é simplesmente uma questão de opinião. Entretanto, acredito que as evidências de um grau significativo de discordâncias morais racionalmente insolúveis não são tão grandes quanto parecem à primeira vista.

Tomemos, por exemplo, o princípio moral de que não se deve nunca causar danos significativos a outra pessoa apenas por diversão. Nunca ouvi falar de qualquer sociedade ou cultura onde esse princípio moral não é aceito. Certamente em diferentes sociedades haverá discordância em relação às circunstâncias nas quais *é* permitido causar danos a um indivíduo. Mas acho que em muitos casos a base dessa discordância não é a discordância sobre valores, mas a discordância sobre como o mundo funciona – sobre como os deuses reagiriam a certos acontecimentos, sobre se certas instituições sociais valiosas poderiam sobreviver em meio a ações socialmente fora dos padrões, sobre que tipos de práticas promovem a saúde física e psicológica, e por aí em diante.

Além do mais, algumas discordâncias aparentemente morais são apenas resultado do fato de que, em diferentes circunstâncias, os mesmos princípios morais podem ter implicações práticas diferentes. Hoje, por exemplo, no Ocidente, a prática do infanticídio feminino seria em geral considerada moralmente abominável. Mas no sul da Índia, num contexto em que as condições de vida das mulheres são difíceis, algumas mães com relutância concluem que essa prática é moralmente necessária. Mas, se olharmos mais de perto os princípios morais básicos que estão por trás dessas práticas diferentes em contextos diferentes, poderíamos muito bem descobrir que eles são de fato os mesmos.

Em suma, algumas discordâncias morais aparentes são literalmente bastante enganadoras. "Tenho o direito de não dividir esses brinquedos", protesta o temperamental Joey diante de sua mãe quando esta lhe pede que compartilhe seus brinquedos com os amigos. "Eles são meus." Embora possa parecer que Joey e sua mãe estejam envolvidos numa discordância moral significativa sobre a extensão dos direitos de propriedade, na verdade eles não estão. Joey é motivado por uma preocupação de proteger seus pequenos interesses. Mas mesmo com sua tenra idade, Joey aprendeu que com freqüência é vantajoso esconder essas motivações atrás da linguagem dos princípios morais.

R

JOSEPH G. MOORE: O relativismo cultural sustenta que o status moral de uma ação ou prática – se ela é certa, errada, permissível, honorável e por aí em diante – depende do código moral da cultura na qual a ação é realizada. (Há muitas variações para sua definição, mas esta dá uma idéia geral.) As pessoas são atraídas para o relativismo cultural porque ele parece honrar nosso senso de que a poligamia, por exemplo, não é de todo certa ou errada: a poligamia pode ser errada numa cultura, mas perfeitamente aceitável em outra, *e* nenhuma cultura é moralmente incorreta em suas práticas. Minha opinião é de que o relativismo cultural não é nem bom nem mau, mas bastante implausível. Nisso, pelo menos, eu estou de acordo com o papa Bento XVI, que há pouco protestou contra a "ditadura do relativismo".

Duvido que depois de uma reflexão nós realmente sustentemos o relativismo cultural. E este é o mais significativo ataque a ele. Nós o confundimos com atitudes, como humildade e tolerância, que endossamos. Sacrifício humano, infanticídio, tortura, escravidão e estupro socialmente sancionado têm sido praticados em muitas culturas. E embora eu possa compreender como essas práticas surgiram, e até por que pessoas racionais e sensíveis em outras circunstâncias podem ter se entregado a elas, considero essas práticas e seus praticantes errados – e totalmente errados. Minhas convicções morais são menos certas em outros temas – como caça a prêmio, prostituição, casamento arranjado e até mesmo aborto. Por este motivo, e porque a autonomia é um bem muito grande, sou inclinado a tolerar essas práticas (ou até mesmo a proibição delas em outra cultura), apesar de minha desaprovação. Mas a humildade e a tolerância são bem diferentes do relativismo cultural. Na verdade, nós as consideramos bens absolutos, eu acho, e desaprovamos pessoas e sociedades moralmente arrogantes e intolerantes.

Há também problemas confusos na aplicação do relativismo cultural, porque precisamos saber o que conta como "cultura" relevante e seu código moral, e isto freqüentemente não está claro. Meus vizinhos discordam seriamente do status do aborto. Então o aborto é certo ou errado de acordo com a cultura de Sunderland, Massachusetts? E posso considerar os cidadãos de Sunderland como sendo minha cultura, ou eu deveria incluir as opiniões de minha família e meus amigos que estão espalhados pelo mundo? As complicações parecem ainda mais sem saída quando aplicamos a opinião a ações realizadas numa cultura para afetar outra, ou aquelas realizadas por uma pessoa de uma cultura dentro de uma cultura diferente.

A verdadeira falha aqui não é tanto o fato de o relativismo cultural ser formulado de maneira imprecisa; mas sim o fato de ser uma visão que coloca assuntos morais de uma maneira implausível. O relativismo cultural trata a moralidade como uma competição de popularidade local, e não como um assunto aberto à razão e aberto a considerações que vão além da simples opinião. Por causa disso, a opinião faz uma mistura de reforma moral e argumento moral. Considere um abolicionista solitário vivendo numa sociedade que permite a escravidão. De acordo com o relativismo cultural, o abolicionista está simplesmente enganado ao considerar a escravidão errada, já que o código moral de sua cultura claramente permite essa prática. Os argumentos que o abolicionista pode ter para apoiar sua opinião são simplesmente irrelevantes, não importa o quanto sejam convincentes. E quando alguém de um Estado livre debate a escravidão com alguém de um Estado que autoriza a escravidão, eles não discordam, de acordo com o relativismo cultural, assim como se um falasse sem o outro ouvir: a escravidão é errada de acordo com a primeira cultura e permissível de acordo com a segunda. São argumentos de fachada. Mas isto deturpa a ordem das coisas: uma prática não é errada simplesmente porque acreditamos que seja errada; ao contrário, nós nos esforçamos, com a ajuda da razão e de argumentos (e também da sensibilidade, da empatia e do conhecimento de considerações empíricas), para acreditar que essas coisas são erradas porque, de fato, são erradas – e agimos assim porque elas são erradas.

?

P

“Apesar do que se diz comumente, existe realmente alguma coisa errada em ser hipócrita?”

R

PETER LIPTON: Ser hipócrita pode significar que eu defendo um padrão de comportamento que eu mesmo não sigo. Assim, posso argumentar que todos os pais deveriam enviar seus filhos para escolas públicas, embora eu envie os meus para uma escola particular. Meu comportamento não mina qualquer força que meu argumento possa ter. Mas há um sentimento de que estou fazendo algo errado: ou a afirmação que eu defendo ou meu comportamento. Ainda assim, eu não estou necessariamente me colocando de forma inapropriada. Se, por outro lado, o que você quer dizer com “ser hipócrita” é que eu violo minha própria posição – como dizer que os pais devem enviar seus filhos para a escola pública quando eu não acredito nisso –, então temos um erro diferente: o erro da desonestidade.

?

P

"É moralmente errado dizer às crianças que Papai Noel existe?

Independentemente de quanta alegria e excitação as crianças têm ao acreditarem no mito de Papai Noel, trata-se de uma grande mentira! Deveríamos sempre considerar a moral e dizer a verdade para as crianças, ou deveríamos abrir exceções? Quando elas descobrem a verdade, não estamos ensinando às crianças que ninguém, nem mesmo os pais, são confiáveis?"

R

MARK CRIMMINS: Esta é uma pergunta interessante sobre a qual não tenho qualquer opinião formada. Fiquei aliviado quando nosso filho nos enganou e descobriu a verdade cedo.

Provavelmente, é verdade que quando uma criança descobre a Grande Mentira de Papai Noel, sua disposição para supor que seus pais estão sempre dizendo a verdade completa e literal diminui de alguma maneira. Mas certamente a grande questão da confiança não é acreditar que os pais sempre dizem a verdade completa e literal, mas acreditar que eles agem pelos interesses do filho. Enganar intencionalmente a criança de uma maneira que certamente ela vai descobrir é algo que pode normalmente minar essa confiança (e assim isso pode parecer ser uma idéia ruim em geral), mas não vejo motivo algum para supor que isto aconteça sempre. E, realmente, acho que as crianças com freqüência reagem de maneira a aumentar sua consciência de que não existe nenhuma mágica, nenhum Papai Noel, e por aí em diante, e não com ressentimento por terem sido convencidas do contrário, mas com um desejo de tentar manter a charada só por um pouco mais de tempo. Se você é confiável em geral, principalmente em assuntos que de fato são importantes, pode simplesmente não haver mal em dar a seu filho uma falsa crença que tem custos muito baixos e que gera, como você diz, alegria e excitação. Eu com certeza não guardo rancor de meus pais por causa disso.

R

LOUISE ANTONY: Tenho uma opinião muito forte sobre o assunto, e por causa disso tenho sérias divergências com alguns de meus melhores amigos: acho que não há qualquer argumento satisfatório para ensinar uma criança a acreditar em Papai Noel, ou para não dizer a verdade à criança na primeira vez que ela pergunta.

Prima facie, não se deve mentir para as crianças. Mas mais do que isso, é nosso dever não tentar convencê-las positivamente de coisas que são mais do que falsas — que são ridículas. Então o que torna inculcar a crença em Papai Noel uma exceção a essa proibição? O fato de que a criança terá alegria se acreditar nisso? Isto não pode, em geral, ser um argumento para inculcar crenças ridículas, já que há muitas crenças ridículas que dariam alegria a uma pessoa, se ela acreditasse nelas: a crença de que ela é a pessoa mais inteligente do mundo, a crença de que ela vai viver para sempre, a crença de que não há calorias nem colesterol no fettuccine alfredo. Ademais, como Mark Crimmins observa, há riscos para a pessoa que acredita em coisas ridículas. No caso do Papai Noel, o risco de perder a confiança no testemunho dos pais não é insignificante, eu acho. Por último, quando um dos pais tenta efetivamente levar a criança a desconsiderar argumentos acertados contra uma determinada proposição, há o risco de a própria racionalidade ser desvalorizada, de que a criança receba a mensagem de que fazer sentido não é algo terrivelmente importante.

— Mas a *rena* voa?

— É *mágico*!

Portanto não está claro se a "alegria" que a criança tem com a crença supera os prováveis resultados negativos. Mas o argumento decisivo é de que as crianças *não têm que acreditar em Papai Noel* para ter a "alegria" à qual a pessoa que fez a pergunta se refere. As crianças podem ter um prazer enorme sem o *pretexto* de que Papai Noel existe, assim como podem se divertir com a fantasia de que o Garibaldo ou o Super-Homem existem. Desconfio de que não é a alegria das *crianças* que está em jogo, mas a dos *adultos*. São os pais que se divertem com o fato de suas crianças serem "inocentes" o bastante para acreditar em qualquer coisa que eles dizem, ou que se divertem observando as coisas "bonitinhas" que as crianças dizem quando acreditam em algo que os adultos sabem que é absurdo. Os adultos não têm o direito a esses prazeres, e deveriam desistir deles.

?

P

"Como sabemos que o que as pessoas dizem que é moralmente certo é realmente certo?"

R

NICHOLAS D. SMITH: Alguns julgamentos morais parecem tão óbvios que ninguém duvida seriamente deles – que é errado pôr fogo em crianças, por exemplo. Mas à exceção de casos óbvios como esse, geralmente não *sabemos* o que é certo e o que é errado – temos que usar nosso julgamento, e o julgamento humano – como eu suponho que você já tenha percebido – pode ser falível e falho. Mas simplesmente por não *sabermos* uma coisa, não significa que devamos desistir ou não tentar – perguntas sobre certo e errado são realmente importantes, e, portanto, precisamos tentar e dar o melhor de nós quando fazemos esse tipo de julgamento.

A maneira como nós filósofos fazemos isso é consultando as principais teorias e explicações sobre certo e errado que pessoas muito inteligentes e que pensam muito têm oferecido, para então pensar em como essas teorias se aplicam aos casos que temos que julgar.

Então me deixe apresentar a você três tipos diferentes de teoria (estes não são os únicos, mas comumente são considerados três dos principais), apenas para lhe dar uma idéia de como isso funciona:

(1) CONSEQÜENCIALISMO. Numa visão conseqüencialista, você tenta entender os tipos de conseqüências que são desejáveis e os que são

indesejáveis. Depois, você considera quais são os modos de ação que estão disponíveis e faz o máximo para estudar todos os resultados previsíveis que são relevantes para as conseqüências desejáveis e indesejáveis. A melhor decisão será aquela que tiver a melhor probabilidade de levar a resultados melhores e a menor probabilidade de levar a piores resultados, levando em conta tudo o que você pode prever.

(2) DEONTOLOGIA. Uma visão deontológica é aquela que tenta entender o que é certo e o que é errado por meio de algumas regras básicas que estaríamos preparados a adotar apenas em princípio. Portanto, por exemplo, Immanuel Kant propôs o que chamou de "imperativo categórico". Uma das maneiras como Kant formulou esse imperativo foi: "Aja apenas segundo a máxima que você gostaria de ver transformada em lei universal". Em outras palavras, sua ação será moral só no caso de ser um tipo de ação que todos sempre seguiriam.

(3) TEORIA DA VIRTUDE. Nessa visão, você pensa em como seria uma pessoa realmente excelente e você tenta ter esse ser humano como modelo no seu modo de agir – e até mesmo, até onde é possível, nas maneiras como você pensa e sente.

Entretanto, essas teorias diferentes o levam às vezes em direções diferentes, e quando elas fazem isso, você volta a tentar usar seu próprio julgamento da melhor forma imaginável, procurando entender todas as questões relevantes que estão em jogo. Então, mesmo que você aprenda essas teorias muito bem... você ainda assim pode não *saber* se o que você decide é certo ou errado, em muitos casos. Mas freqüentemente temos que agir sem realmente *saber* qual seria o melhor modo de ação. Nem sempre podemos saber o que vai acontecer quando saímos dirigindo um carro, certo? Mas alguns motoristas são bons motoristas (e outros não tão bons!) porque aprendem o que é necessário para lidar com um carro, e então eles sempre dirigem atentamente e com cautela.

O mesmo é verdadeiro no julgamento do que é certo e errado. Estar atento às alternativas e às questões relevantes, ser cauteloso (não achar que você *sabe* alguma coisa quando você não sabe!) e consciente de suas limitações são características muito boas na hora de fazer um julgamento moral. E simplesmente não há como evitar essa questão: todos nós temos que fazer esses julgamentos freqüentemente. Então o objetivo é fazê-los tão bem quanto pudermos, mesmo que não estejamos em condições de *saber*.

?

P

"A sorte e a má sorte existem? Ou foram apenas imaginadas para inventar desculpas?"

R

THOMAS POGGE: Alguns filósofos têm sustentado que a boa e a má sorte realmente não existem porque o universo é determinista (anda como um relógio de acordo com estritas leis físicas). Eu suponho que esta não seja a sua preocupação. Você observa, corretamente, que as pessoas apelam para a má sorte como uma desculpa, e que esses apelos freqüentemente são implausíveis e feitos com má fé. Isto é verdade. Entretanto, não devemos dizer que *todos* esses apelos são implausíveis. Certamente há alguns casos de verdadeira má sorte, casos em que as coisas realmente se tornam piores do que a pessoa poderia ter razoavelmente previsto. Antes da era dos computadores, o filósofo John Rawls quase perdeu, certa vez, a única cópia datilografada de sua obra-prima *Uma Teoria da Justiça* num incêndio que ele não poderia ter previsto. Se a cópia tivesse sido de fato destruída, este teria sido um caso de verdadeira má sorte – para ele e para todos nós. Reconhecer esses casos genuínos de má sorte não nos impede de rejeitar as desculpas fracas com as quais você está, com razão, preocupado. Podemos dizer que o resultado não foi realmente pior do que a pessoa poderia ter previsto ou que a pessoa falhou por não contar suficientemente com o risco. Podemos dizer, por exemplo, ao motorista bêbado inveterado que *não* era imprevisível que ele causasse um acidente mais cedo ou mais tarde. Ou podemos dizer a ele que, embora ele tenha se deparado com um desafio de baixa probabilidade, e neste sentido não tenha tido sorte, ele não tem desculpas porque não deveria ter corrido o risco de se deparar com esse desafio enquanto estava dirigindo bêbado.

Às vezes as pessoas se desculpam por suas falhas gerais na vida dizendo que têm propensão à má sorte. Agora, é verdade que, em retrospecto, algumas pessoas têm mais sorte do que outras. Se você joga bilhões de dados dez vezes cada um, é *provável* que alguns deles somem belos 60 pontos e outros, terríveis dez pontos. Devemos reconhecer isto e desculpar as pessoas que tiveram que lidar com muito mais do que a carga média de falta de sorte. Mas a alegação casual ou explicativa sugerida pela expressão "propensão à má sorte" é falsa. As pessoas têm essa propensão não mais do que as moedas a têm. E portanto devemos rejeitar essa desculpa: "Sou uma pessoa sem sorte, tudo que eu tento fazer dá errado, portanto não vou tentar mais." Podemos responder a isso dizendo que qualquer que seja a má sorte que uma pessoa possa ter tido no passado esse histórico não a tornará mais propensa a ter má sorte no futuro.

?

P

"Considere o seguinte cenário: minha mãe quer que eu a visite no Natal, mas eu não quero ir. Eu deveria ir por obrigação?

De acordo com alguns filósofos, como Kant, boas ações precisam ser motivadas por um senso de dever, em oposição à inclinação. Mas não poderia ser exatamente o contrário, pelo menos se a ação diz respeito a fazer um favor a outra pessoa? Parece quase imoral fazer um favor a alguém apenas por causa de um senso de dever."

R

MATTHEW SILVERSTEIN: Kant não diz que *boas* ações precisam ser motivadas por um senso de dever. O que ele fala é que as ações têm um *genuíno valor moral* na medida em que são realizadas com um senso de dever. Muitos filósofos certamente sentiram o que você sente – quer dizer, que há algo por trás dessa afirmação. Eu a acho estranhamente convincente, e tentarei explicar o porquê.

Kant realmente dá um belo exemplo em seu grande livro *Fundamentação da Metafísica dos Costumes.* Ali, ele nos pede para imaginar alguém (vamos chamá-lo de "Joe") que passa a vida fazendo o bem simplesmente porque sente que deve fazê-lo. Ele tem um desejo natural de ajudar outras pessoas e tem grande prazer em atender às necessidades dos outros. Kant reconhece que as ações de Joe são "certas" e "amáveis", mas nega que essas ações tenham algum valor moral verdadeiro. Kant acredita que a estima moral é uma estima de um tipo muito especial. É um tipo de admiração que reservamos para algumas poucas ações e disposições. Mas existe alguma coisa especialmente impressionante ou admirável no fato de Joe fazer apenas o que quer fazer – no fato de Joe fazer o que o faz se sentir bem? É claro que estamos felizes por Joe ser o tipo de pessoa que tem prazer em ajudar os outros, mas considerando que ele é esse tipo de pessoa, não há nada impressionante em suas ações benevolentes.

Agora suponha que Joe fique deprimido – que sua mente esteja "tão repleta de pesares que toda a simpatia pelo destino dos outros desaparece". E suponha que – apesar de sua depressão e de não sentir mais prazer algum em ajudar os outros – ele continue a fazer boas ações, simplesmente porque sabe que é a coisa certa a fazer. Ele já não tem qualquer inclinação natural a ser benevolente: todos os seus desejos parecem estar incentivando-o a ficar na cama ou a assistir à TV. Entretanto, por meio de pura força de vontade, Joe "se rasga para sair de sua insensibilidade mortal" e faz boas ações "só para cumprir o seu dever". Agora *isto é* impressionante – e até mesmo admirável. Quando Kant diz que apenas ações feitas por dever têm valor moral, ele está apenas sugerindo que reservemos um tipo especial de elogio ou estima a ações que são feitas diante de inclinações opostas.

Observe que a versão moralmente valiosa de Joe não é necessariamente a versão que gostaríamos de ter como companhia para um jantar. Ela, de fato, soa desagradável. Preferiríamos nos cercar de pessoas como o Joe generoso e de bom espírito, que simplesmente gosta de ajudar os outros. Por que, então, Kant acha que as ações do outro, o Joe deprimido, são moralmente valiosas? Talvez porque apenas *esse* Joe – apenas o Joe com o tipo de dedicação por dever – tem a garantia de fazer a coisa certa. A preocupação de Kant pode ser de que as pessoas que fazem boas ações por sentirem vontade de fazê-las parem de fazê-las quando pararem de sentir vontade. Se, por outro lado, você está fazendo uma coisa porque você acha que é a coisa certa a fazer, então parece que você está inclinado a fazê-la independentemente de como se sente.

Voltemos agora ao seu exemplo. Suponha que você volte para casa para visitar sua mãe no Natal não porque você queira, mas apenas por achar que é a coisa certa a fazer. Parece que há algo desagradável em relação a você neste exemplo, mas isto não quer dizer que você esteja agindo de forma imoral ou que sua ação não tenha valor moral. O que falta é *algum outro tipo de valor*! Neste exemplo, você aparece sem amor, sem gratidão, ou sem prazer. (É claro que este é apenas um cenário hipotético. Estou certo de que na verdade você *adora* visitar sua mãe!) No que diz respeito a Kant, o fato de você não querer ver sua mãe apenas torna sua ação muito mais impressionante, pelo menos moralmente falando. Afinal de contas, não há nada especialmente digno de valor em um filho que ama, que é grato e que volta para casa no Natal. De certa maneira, portanto, existe algo digno de valor num filho que não ama, que não é grato e que volta para a casa no feriado. E é exatamente este algo especial que Kant chama de *valor moral*.

E portanto, para Kant, o valor moral é na verdade algo bastante peculiar. O fato de alguém ser digno de estima moral de maneira alguma implica em que ele seja digno de outros tipos de estima. Se você não se sente nem um pouco inclinado a visitar a mulher que trocou suas fraldas, assistiu a seus jogos de futebol, explicou ao diretor da escola que o cachorro realmente comeu seu dever de casa e em geral cuidou carinhosamente de você sua vida inteira, então você pode não ser uma pessoa naturalmente generosa ou amável. Você pode ser completamente mau! Mas se você a visitar de qualquer modo – só porque você sabe que esta é a coisa certa a fazer – então sua ação tem valor moral. Mas esse valor moral não o torna mais amável ou generoso.

?

P

“O tolerante deve tolerar a intolerância?”

R

LOUISE ANTONY: Como você sugere, existe algo paradoxal na tolerância. Mas a atmosfera de paradoxo pode ser dissipada se você distinguir duas coisas diferentes que as pessoas têm em mente quando elas falam em “tolerar” alguma coisa. Há um sentido de “tolerar” que significa “ser indiferente a”, como em “Eu não entendo por que esses pais toleram esse tipo de comportamento em seus filhos”. Este é o sentido que as pessoas pretendem quando dizem, plausivelmente, que ninguém deve tolerar o racismo, o machismo, ou neste caso, a intolerância.

Mas este não é o sentido em que a “tolerância” é uma virtude. O tipo de tolerância exigido para uma sociedade civil é o que reconhece o direito de cada pessoa de pensar por si própria e formar suas próprias opiniões, e isso torna ilegítima qualquer tentativa de coagir qualquer pessoa a mudar o seu pensamento. No entanto, não é incompatível tolerar uma opinião racista e tentar, com todos os meios legítimos de persuasão, mudar a opinião dessa pessoa. É neste sentido que uma pessoa tolerante deve “tolerar” a intolerância; ela precisa reconhecer o direito de alguém discordar dela em relação ao valor da tolerância, ou em relação ao direito de outras pessoas terem suas próprias opiniões. Mas a pessoa tolerante não precisa ignorar ou endossar a intolerância e pode dar o melhor de si *argumentando* contra ela em todas as oportunidades.

P

“Uma boa ação pode compensar uma má ação, ou o valor moral de cada uma delas existe independentemente?”

R

MATTHEW SILVERSTEIN: Suponha que depois de receber notas ruins, John – um estudante universitário desprezível – mate a inocente Mary num ataque de raiva. Consciente da terrível natureza de sua ação, John passa o resto da vida tentando reparar o dano causado pelo seu crime. Depois de cumprir sua pena e "pagar sua dívida à sociedade", John se dedica aos objetivos que eram mais importantes para Mary. Acontece que ela era uma dedicada defensora da preservação de espécies ameaçadas, e assim – embora nunca tenha realmente se preocupado muito com animais selvagens – John se torna um verdadeiro defensor da causa. Ele doa grandes somas de dinheiro ao World Wildlife Fund e trabalha como voluntário sempre que pode. Para reparar seu crime terrível, John se compromete a levar uma vida virtuosa e com o empenho para que pelo menos alguns projetos da vida de Mary sejam realizados. O compromisso de John é tão grande que ele, quase sozinho, salva da extinção o morcego sem asas, sarapintado e de nove garras!

Com este exemplo em mente, vamos voltar a sua pergunta. Nenhuma das ações posteriores de John torna seu crime inicial menos errado. Nenhum ato de arrependimento ou benevolência pode apagar o erro de um assassinato. E, portanto, para responder primeiramente à segunda metade de sua pergunta, o valor moral de uma ação em particular depende apenas da própria ação e das razões pelas quais ela foi realizada. Entretanto, existem mais coisas relacionadas à moralidade do que o valor moral de ações individuais. Também fazemos julgamentos morais de *pessoas*, e aqui uma boa ação *pode* compensar uma ação ruim. Quando se trata de avaliações sobre o caráter moral de uma pessoa, atos posteriores podem e devem desempenhar um papel. Assim, nossa avaliação sobre o caráter de John – sobre *seu* valor moral, e não sobre o valor moral de sua ação – certamente é (e deve ser) afetada por seu comportamento de salvar morcegos. Embora continuemos a condenar o fato de John ter assassinado Mary, podemos chegar a respeitar e até mesmo a admirar sua vida dedicada à virtude e à preservação de estranhas espécies ameaçadas.

?

P

"Tenho uma amiga que guarda um monte de notas de cem dólares debaixo da cama. Por alguma estranha razão, ela sequer deseja gastar esse dinheiro; apenas planeja deixá-lo onde está. O que é mais surpreendente é o fato de que ela nunca o conta. Portanto ela nunca sabe se está faltando algum.

Posso ser desculpado por pegar um pouco do dinheiro para, digamos, comprar flores para ela? Ela ficaria feliz por receber o presente, tenho certeza; ao mesmo tempo, ela não teria a menor idéia de que o dinheiro usado para comprar as flores era seu. Portanto, até onde ela pode dizer, ela se beneficia; e parece que estou fazendo um favor a ela. Mas, não estaria eu sendo obviamente cruel até mesmo por pensar em enganá-la dessa maneira?

O que deveria fazer nesse caso?"

R

JYL GENTZLER: Inicialmente, seu caso me parece um exemplo de princípio moral ao qual estou comprometido: se nenhum dano é causado, então nenhum erro foi cometido. Se ninguém é prejudicado por, digamos, dançar, então proibições morais à dança são injustificáveis. Se ninguém seria prejudicado por você comprar flores para sua amiga com o dinheiro dela, então se conclui, a partir desse princípio, que não há espaço para reclamações morais contra sua atitude. Se sua amiga não planeja usar o dinheiro e se ela não cuida dele suficientemente, deixando de contá-lo de vez em quando, parece certo que você deva roubar o dinheiro e comprar flores. Afinal de contas, ela não recebe benefício algum daquele dinheiro, ela não planeja usar o dinheiro para nenhum bom propósito e receber flores é sempre muito bom.

Entretanto, não estou convencido de que você deveria fazer isso. Eu não diria que é "realmente cruel" você enganá-la. Eu guardaria a palavra "cruel" para pessoas que são de todo indiferentes ao sofrimento dos outros, ou que até mesmo têm prazer com esse sofrimento; e o fato de você roubar dinheiro dela para comprar-lhe flores não revela esse traço de caráter. Entretanto, não está claro para mim que você não prejudica sua amiga ao lhe comprar flores com dinheiro que você roubou dela, e fingindo que o dinheiro que você gastou era seu. A instituição da propriedade privada – dar aos indivíduos um grande grau de controle sobre certos itens – oferece claros benefícios aos proprietários (que em algumas circunstâncias podem pesar mais do que os danos causados aos não-proprietários). O controle sobre certos tipos de objetos aumenta o controle que temos sobre nossas vidas, e muitas pessoas têm sustentado que esse controle é valioso para os seres humanos tanto intrinsecamente quanto na prática. Mesmo que sua amiga não esteja planejando fazer alguma coisa com o dinheiro, a posse que ela tem desse dinheiro lhe dá uma certa dose de controle sobre sua própria vida que, de outra maneira, ela não teria. Aparentemente, ela não pretende gastar esse dinheiro agora, mas ela poderia com facilidade passar a ter novos interesses e, para atender a esses interesses, um pequeno dinheiro extra poderia ser útil. Tirar esse controle dela é lhe causar um dano, esteja ela consciente ou não desse dano. Além disso, a falsa crença de que você gastou um pouco de seu dinheiro muito limitado, e obtido com dificuldade, para comprar flores para ela pode levá-la a pensar em você com mais simpatia do que você de fato merece. Essa informação incorreta poderá levá-la a tomar decisões sobre seu relacionamento com você que ela não tomaria se soubesse que o dinheiro que você gastou era de fato dela. Sua fraude reduziria mais o controle que sua amiga tem sobre sua própria vida, e portanto a prejudicaria ainda mais.

Uma pergunta mais difícil, a meu ver, é: por que você não deveria roubar o dinheiro dela para dá-lo a Oxfam[4] (ou a alguma outra causa muito importante)? Com certeza, você estaria tirando parte do controle que ela tem sobre sua própria vida, mas você poderia, potencialmente, salvar vidas.

?

[4] Agência privada britânica de ajuda humanitária. (N. T.)

P

“Os avanços no campo da biotecnologia ameaçam nossos valores morais?”

R

LOUISE ANTONY: O desenvolvimento de tecnologias sempre fez surgir novos desafios éticos, freqüentemente tornando possíveis coisas que antes eram impossíveis. Quando nosso raciocínio ético não conseguir dar conta dessas novas possibilidades, nossos sistemas éticos serão testados. Mas não vejo razão alguma para achar que fatos éticos fundamentais, como o erro moral de causar dor gratuitamente a um ser sensível, estejam sendo de alguma forma ameaçados por novas invenções.

Provavelmente você tem em mente acontecimentos como a fertilização *in vitro* e a clonagem. Esses acontecimentos nos desafiam a pensar mais no que está realmente no cerne da moral humana – é o simples fato biológico de ser humano ou, em vez disso, certas habilidades moralmente importantes, como ser capaz de sentir dor, ou ser capaz de raciocinar? Avanços tecnológicos como esses também levantam perguntas sobre o que os seres humanos têm o direito de tentar controlar, já que esses avanços nos oferecem a possibilidade de afetar intencionalmente coisas sobre as quais não tínhamos controle algum em tempos anteriores de nossa história.

Observe que os acontecimentos tecnológicos também podem fazer com que sigamos com mais facilidade nossa consciência. Agora nós temos meios tecnológicos para alimentar todas as pessoas do mundo – só falta vontade.

P

"Acredito ser muito importante preservar a biodiversidade, mas não consigo determinar por que isto é tão importante para mim, ou como é possível convencer outras pessoas de que isto é importante. A filosofia pode ajudar?"

R

JOSEPH G. MOORE: A filosofia pode nos ajudar a esquadrinhar e avaliar os possíveis motivos para preservar a diversidade biológica — não apenas a diversidade de espécies, mas também a diversidade de ecossistemas, e talvez até mesmo a diversidade genética de uma espécie. O que é preocupante na situação presente, a propósito, não é simplesmente que as espécies estão sendo extintas (isto sempre aconteceu), mas que elas estão sendo extintas numa proporção alarmante e numa escala alarmante – comparável às mais ou menos cinco extinções em massa que aconteceram ao longo dos últimos 500 milhões de anos. E parece que nós estamos causando isso!

Existem várias razões práticas muito boas para preservar a biodiversidade. Primeiro, na biodiversidade há um tesouro de remédios, alimentos e até aplicações industriais desconhecidos que talvez sejam de grande utilidade para nós. Segundo, a biodiversidade dá pistas para uma compreensão melhor da história biológica e do funcionamento da Terra. E terceiro, para muitos de nós, a diversidade da vida é uma fonte profunda e impressionante de realização estética e espiritual. Todas essas são considerações práticas e antropocêntricas, porque o valor que elas dão à biodiversidade deriva inteiramente dos benefícios que ela representa para nós, seres humanos. Por este motivo, elas não apóiam a preservação a todo custo: a sobrevivência e a prosperidade dos seres humanos podem ser mais importantes do que a preservação de algum carrapato raro, ou alguma substância, ou algum pântano de um tipo especial cujos benefícios para nós podem ser estimados, de maneira justificável, como mínimos.

O que é interessante filosoficamente é se a biodiversidade também tem algum valor não prático ou intrínseco: espécies ou ecossistemas têm interesses ou direitos que deveríamos respeitar independentemente de qualquer benefício que sua preservação possa representar para nós? Esta pergunta é diferente da pergunta sobre os direitos dos animais. Podemos acreditar que os interesses individuais dos animais devem ter um peso moral — que deveríamos proibir a criação de animais em cativeiro e as experiências com animais, por exemplo — sem acreditar que há algum peso extra a ser dado a animais raros, ou a formas de vida que promovem a diversidade, ou a entidades "holísticas" como determinadas espécies, comunidades bióticas, ecossistemas inteiros, ou mesmo a Mãe Terra, considerando-a um sistema integrado (esta é grosseiramente a Hipótese Gaia).[5] Se essas entidades têm valor intrínseco é realmente a questão central na filosofia ambiental, e ela passa por uma grande variedade de tradições filosóficas e religiosas antigas e contemporâneas.

[5] Também denominada Teoria de Gaia, é uma tese que sustenta que o planeta Terra é um ser vivo. A hipótese foi apresentada em 1969 pelo investigador britânico James E. Lovelock. (N. T.)

Sempre quis acreditar que as entidades holísticas têm um valor intrínseco, mas nunca consegui. Em primeiro lugar, as noções de estabilidade e equilíbrio ecológico de um ecossistema, e até mesmo de uma espécie (sem falar na Hipótese Gaia), são cientificamente problemáticas. Mas mesmo considerando isso, não consigo ver uma razão convincente pela qual essas entidades teriam valor intrínseco de um tipo que deva merecer nosso respeito moral. Por isso, volto às razões práticas em apoio a minhas inclinações ambientalistas gerais, inclusive a convicção de que devemos fazer muito mais para preservar a biodiversidade. Mas outras pessoas, talvez mais visionárias, não se acanham em dar valor intrínseco a essas entidades holísticas.

?

P

"Desde que a vida começou na Terra, muitas espécies se desenvolveram apenas para acabar sendo extintas, num quadro típico do modelo de evolução de Darwin, de 'sobrevivência dos mais aptos'. Hoje, muitas espécies enfrentam a extinção – é certo o homem intervir para tentar parar esse processo?"

R

MARK CRIMMINS: Dizer que a seleção natural favorece as criaturas "mais aptas" faz parecer que interferir seria obviamente ruim porque levaria ao risco de diminuição de uma coisa boa, a saber, esta aptidão.

Mas antes de tudo, não há nada na explicação de Darwin sobre a seleção natural que determine algum valor, positivo ou negativo, para a aptidão reprodutiva. É claro que a idéia central é de que quando características transmitidas geneticamente fazem com que membros de uma espécie tenham mais descendentes do que outra espécie, as características se tornam mais comuns. Isso nada tem a ver com o fato de o resultado ser "para o bem", em algum sentido. É simplesmente o que de fato acontecerá.

Depois, o papel dos seres humanos de alguma maneira nada muda: somos parte do ambiente, e nosso comportamento afeta a seleção natural de outras espécies de maneira fundamentalmente idêntica à de qualquer outro fator ambiental. Nosso gosto por laranjas suculentas ou nosso incômodo com coiotes invasores pode explicar tão bem quanto fatos sobre clima e espécies em competição por que certos organismos têm uma prole maior ou menor do que outros. A "aptidão" pode ser facilmente tanto a capacidade de prosperar numa reserva natural quanto a capacidade de sobreviver numa baía cheia de esgotos. Portanto, nossa "interferência" pode ser vista, não como algo que vai contra à seleção dos mais aptos, mas como mais uma influência na seleção dos organismos, dependendo de determinadas características, que de fato irão demonstrar aptidão.

Além do mais, sugerir que a teoria básica da seleção natural não tem conseqüência alguma sobre o que seria certo ou errado nós fazermos para influenciar seu curso deixa completamente em aberto quais são as considerações que realmente se sustentam na questão moral. Certamente há preocupações práticas – podemos um dia precisar de muitas das espécies que estão morrendo (e quem sabe quais delas?); os efeitos da extinção de ecossistemas podem ser de grande preocupação prática para os seres humanos. Existem, fora isso, razões puramente morais que favoreçam uma abordagem ambientalista de nossa proteção da biodiversidade do planeta? Temos deveres para com as espécies ou ecossistemas, ou responsabilidades para com as futuras gerações, de deixar as coisas não muito piores do que como as encontramos? Alguém deveria perguntar isso a um filósofo.

?

P

"Quão imoral é o fato de que nas últimas décadas, apesar de termos adquirido mais consciência sobre os recursos limitados da Terra, continuamos a buscar uma economia dependente do crescimento e estilos de vida grosseiramente materialistas que claramente são insustentáveis e que com certeza têm conseqüências catastróficas, se não para nós mesmos, provavelmente para nossos filhos e certamente para as gerações futuras?

Se estamos todos saqueando e estragando nosso planeta, de quem é a responsabilidade? E o fato de 'negarmos coletivamente' as conseqüências de alguma forma reduz nossa culpabilidade, ou a justifica?"

R

THOMAS POGGE: Não está bem certo dizer que todos nós estamos saqueando nosso planeta. Enquanto 16% da população mundial, residentes em países de renda alta, vivem com aproximadamente 30 mil dólares por ano, em média, a metade mais pobre da humanidade vive com menos (em geral muito menos) de 1.300 dólares por ano em termos de paridade de poder de compra (correspondendo a cerca de trezentos dólares em taxas de câmbio de mercado). A metade mais pobre está consumindo e sobrecarregando o meio ambiente, mas não de maneira excessiva. Quase todos os danos que a questão levanta são produzidos por seus compatriotas mais ricos nos países mais pobres e (principalmente) pelas populações de países de renda alta. Esta questão aumenta nossa responsabilidade. Estamos saqueando nosso planeta e também nos apropriando dos resultados desse saque de maneira tão desequilibrada, que metade da população humana ainda vive numa pobreza terrível, que expõe 850 milhões de pessoas à fome e à desnutrição (PNUD)[6] e acarreta milhões de mortes (inclusive a de 10,6 milhões de crianças com menos de 5 anos, anualmente) por causas relacionadas à pobreza (Unicef).

A responsabilidade recai sobre os líderes políticos de países industrializados e em processo de industrialização. Embora alguns governos estejam fazendo muito mais do que outros para impedir ações de suas empresas e de seus cidadãos que possam levar à degradação ambiental e à persistência da pobreza acentuada, quase todas as sociedades estão contribuindo muito para esses danos. Pelo menos em sociedades razoavelmente livres e democráticas, a responsabilidade por esses estragos é compartilhada por cidadãos adultos comuns, os quais podem se organizar para mudar as regras legais e as políticas de seu governo, além de ter a capacidade de reduzir, através de esforços pessoais, os danos provocados pela sociedade. Aqui, a maior responsabilidade recai sobre os cidadãos mais privilegiados e mais influentes, e também sobre aqueles que lucram mais com a injustiça. Eles deveriam fazer mais esforços para promover reformas sociais ou para reduzir os danos.

A negação coletiva pode tornar alguns desses cidadãos menos merecedores de culpa – aqueles que realmente nunca tiveram motivo para duvidar que o meio ambiente está em boa forma e que

[6] Programa das Nações Unidas para o Desenvolvimento. (N. E.)

a globalização está reduzindo a pobreza tão rapidamente quanto possível. Mas a maioria dos cidadãos adultos nos países de renda alta e os cidadãos mais influentes nos países industrializados não se encaixa nessa descrição. Esses cidadãos têm motivo para pensar no assunto e decidem não pensar. Cada um deles tem uma fatia de responsabilidade pelo mal contínuo provocado pela pobreza global, bem como pelos danos presentes e futuros – previsíveis – ocasionados pela falta de recursos e pela degradação ambiental. Devido à magnitude dos danos, essa responsabilidade é bem grande.

?

P

"De que maneira o fim pode chegar a justificar os meios?

Estou particularmente interessado em sua resposta no contexto da justiça criminal. É aceitável, por exemplo, um policial cometer perjúrio para assegurar uma condenação de um réu que ele sabe que é culpado?"

R

JYL GENTZLER: O que mais poderia justificar os meios além do fim? A pergunta, portanto, é qual é o fim que devemos ter em mente.

No caso que você apresenta, parece que o fim relevante é pôr um criminoso culpado na prisão. Vamos supor, para o propósito dessa discussão, que não temos motivo algum para duvidar que esse fim seja uma coisa boa. Vamos supor que a pessoa é realmente culpada de um crime violento e não provocado, e que muito provavelmente ela continuaria sua vida de violência se não fosse detida. Pesamos, então, o fim bom de impedir mais violência e o meio ruim de mentir, e parece que, na balança, a bondade do fim supera a maldade do meio. Parece que nós não apenas temos permissão para mentir, como temos a obrigação moral de fazê-lo.

O problema com essa linha de raciocínio é que ela não leva em conta todos os fins relevantes. Nesse contexto, quando estamos considerando os fins, precisamos também considerar os fins de todo o sistema de justiça criminal – a saber, proteger os interesses de *todos* os cidadãos; não apenas os interesses das vítimas ou vítimas potenciais de crimes, mas também os interesses do acusado. É muito importante para todos nós que tenhamos um sistema que minimize as chances de alguém ser equivocadamente acusado e condenado por um crime. Precisamos sentir confiança de que nós próprios, nossos amigos e nossas famílias não seremos condenados equivocadamente e que as pessoas realmente perigosas serão interditadas. Para chegar a *este* fim, concordamos em adotar certas regras que impedem a capacidade de cada um de nós de tomar decisões com base numa análise de custo-benefício a curto prazo. Em geral e a longo prazo, parece mais provável que saibamos quem cometeu que crime se todas as testemunhas falarem a verdade, em vez de decidirem por si próprias se o erro de mentir pesa mais do que os benefícios obtidos com uma condenação. Por este motivo, criamos uma regra contra o perjúrio e apoiamos essa regra com uma ameaça de punição. Uma outra questão interessante é ponderar se existe alguma ocasião em que é racional nos considerarmos exceções às regras que nós mesmos endossamos.

?

P

"Qual é a diferença entre um terrorista e um *freedom fighter*?"[7]

R

ALEXANDER GEORGE: Se *terrorista* é alguém que busca alcançar seus objetivos aterrorizando inocentes ou ameaçando esse terror e um *freedom fighter* é alguém que está envolvido numa luta para libertar uma população de um governante tirano, então alguns *freedom fighters* são terroristas, alguns *freedom fighters* não são terroristas e alguns terroristas não são *freedom fighters*. Se "terrorista" se refere a alguém que adotou um *meio* em particular e *freedom fighter* caracteriza alguém com base em seus *objetivos*, então só se pode esperar que essa classificação cruzada surja.

No discurso político público contemporâneo, esses termos são usados menos para descrever a realidade do que para expressar aprovação ou condenação política de alguém. Chamar alguém de *freedom fighter* é elogiá-lo, enquanto rotulá-lo de terrorista é condená-lo. Obviamente, é apropriado fazer esses julgamentos morais, mas quando o discurso político não vai além desses julgamentos, desacompanhados de uma justificativa razoável, então a degradação geral desse discurso está assegurada.

---

[7] Combatentes pela liberdade. Durante a Guerra Fria, tanto norte-americanos como soviéticos empregavam o termo para descrever grupos que se rebelavam contra o domínio da potência adversária (N. E.)

Além disso, essas definições são bastante grosseiras e, portanto, não se pode esperar que sejam úteis para descrever as complexidades de situações verdadeiras. Elas também são enganadoras ao incentivar o pensamento de que a técnica de aterrorizar inocentes é adotada principalmente por indivíduos ou talvez por grupos relativamente pequenos. Os exemplos certamente mais notáveis desses enganos têm sido dados por governos. O discurso político seria mais saudável se os rótulos fossem retirados, se parássemos de ver o mundo vasto e diverso através dessas brechas estreitas e se procurássemos descrever os assuntos direta, clara e honestamente.

?

P

“Como os filósofos justificam a guerra, se é que eles fazem isso?”

R

PETER S. FOSL: Que pergunta importante! É difícil estar vivo hoje e não refletir sobre essa questão, não é? De qualquer modo, você deveria saber que alguns filósofos não justificam a guerra. Eles sustentam que toda guerra é imoral, que ela nada mais é que uma forma de assassinato ou algo muito próximo. Sou favorável a essa visão e acredito que temos a obrigação de procurar minimizar ou acabar com a guerra. Mas até chegarmos lá, reconheço a importância de desenvolver o que os filósofos chamam de “teoria da guerra justa”. Na teoria da guerra justa, os filósofos fazem uma distinção entre questões sobre quando é apropriado fazer guerra (questões *ad bellum*) e questões relacionadas à condução da guerra (*in bello*), uma vez iniciada. Como você sugere, idéias sobre essas duas coisas são antigas e podem ser encontradas nas tradições greco-romanas, abraâmicas e asiáticas. Tipicamente, entretanto, historiadores de filosofia se voltam para Santo Agostinho (354-430) como o filósofo que de início formalizou a teoria. No início da era moderna, outros filósofos articularam uma importante teoria de soberania, sustentando que as nações não devem sofrer ataques externos e devem permanecer livres na condução de seus assuntos internos. Mais recentemente, filósofos têm explorado a questão de quando se pode passar por cima da soberania para iniciar guerras justas; eles também têm trabalhado para incorporar conceitos de direitos humanos a teorias sobre a condução de guerras. Lidar com assuntos de rebelião, resistência e terror tornou-se, é claro, extremamente importante. Em qualquer caso, para mim os princípios mais importantes da teoria da guerra justa hoje podem ser resumidos da seguinte maneira:

1. ÚLTIMO RECURSO: Uma guerra justa só pode ser travada como último recurso. Esforços racionais devem ser empregados para esgotar as maneiras alternativas não-violentas de alcançar os objetivos relevantes antes que o uso da força possa ser justificado.

2. AUTORIDADE LEGÍTIMA: Exceto onde o governo é incompetente ou onde a revolução armada é justificada, uma guerra é justa apenas quando a autoridade legítima a conduz.

3. JUSTA CAUSA: Uma guerra só pode ser travada por uma causa justa. Aqui estão quatro tipos de causa justa:

> 3A. *GUERRAS DE "AUTODEFESA"*: Comumente, uma causa justa envolve reparar um erro já sofrido. Este princípio, entretanto, tem sido enfraquecido das seguintes maneiras:
>
> 3B. *GUERRA "PREEMPTIVA"*: Uma ação preemptiva pode ser lançada diante de uma "ameaça iminente". Esse tipo de ameaça precisa ser uma necessidade urgente, prioritária e extrema, em que a pausa para deliberações não seja factível.
>
> 3C. *GUERRA "PREVENTIVA"*: Tipo atualmente considerado ilegal e um terreno muito escorregadio, alguns defendem o ataque preventivo mesmo quando o perigo não é claro ou iminente, porque as ameaças contemporâneas são freqüentemente clandestinas e envolvem armas de destruição em massa.

3D. "INTERVENÇÕES DE DIREITOS HUMANOS": Ações militares são justificadas quando o governo da nação (1) viola em larga escala os direitos humanos daqueles que governa ou (2) não consegue proteger aqueles que governa de violações de direitos humanos cometidas por terceiros (como milícias extra-estatais).

4. INTENÇÕES CERTAS: Uma guerra justa só pode ser travada com intenções "certas". Ganhos materiais, vingança e a alegria da conquista não são intenções apropriadas. Impedir um genocídio é uma intenção apropriada.

5. SUCESSO: Uma guerra só pode ser justa se for empreendida com uma chance razoável de sucesso.

6. OBJETIVO JUSTO: O objetivo final de uma guerra justa é a paz, e não o estado de guerra contínuo.

7. PROPORCIONALIDADE: A força usada na guerra deve ser proporcional, ou em escala apropriada, aos danos sofridos. Os participantes são proibidos de usar força excessiva e desnecessária para alcançar os objetivos legítimos da guerra.

8. BAIXAS MÍNIMAS: Os objetivos militares numa guerra justa devem ser alcançados com um mínimo de baixas, tanto de combatentes quanto de civis.

9. MEIOS CORRETOS: Armas que são "indiscriminadas" em sua força destrutiva, que matam em escala maciça, ou que causam sofrimento excessivo, não são permitidas.

10. CIVIS: Civis devem se tratados com justiça na condução da guerra.

10A. *ALVO*: Deve-se sempre discriminar combatentes de não-combatentes, nunca fazendo com que os últimos se tornem alvos.
10B. *PUNIÇÃO COLETIVA*: As punições devem ser limitadas àqueles diretamente responsáveis.
10C. *"COMBATENTES INIMIGOS"*: Civis não devem ser convocados para operações militares. Civis envolvidos diretamente em atividades de caráter militar hostis podem ser tratados de maneira diferente em relação a outros civis, mas devem pelo menos receber a mesma (ou quem sabe maior) proteção dada a prisioneiros militares.
10D. *OCUPAÇÃO*: Forças de ocupação são responsáveis pelo bem-estar daqueles que vivem no território que elas invadiram.

11. PRISIONEIROS: Os prisioneiros devem ser tratados com humanidade – sem abusos, tortura, fome, com assistência médica, e não devem ser usados para apoiar o esforço de guerra.

12. OUTROS ALVOS EXCLUÍDOS: Lugares sagrados, cemitérios e objetos de valor histórico e cultural devem ser poupados. Os impactos adversos sobre habitats e populações de animais e plantas devem ser minimizados.

?

P

"O que justifica o fato de tantas pessoas – principalmente pessoas desprezíveis que não nos demonstram nenhum respeito – insistirem em seus 'direitos humanos'? Devo respeitar o direito de tais pessoas?"

R

THOMAS POGGE: Entende-se por direitos humanos os direitos básicos que todo ser humano tem. Em virtude desses direitos, cada ser humano goza de algumas proteções morais mínimas contra ser tratado de certas maneiras por outros agentes humanos (individual ou coletivamente). E, em virtude de ter esses direitos, todo ser humano também goza de algumas proteções morais mínimas contra certas leis ou práticas sociais impostas a ele. Seu direito humano de não ser torturado, por exemplo, impõe a todos os agentes humanos um estrito dever moral de não o torturar e de não colaborar para lhe impor leis ou práticas sociais que o exponham à tortura, a não ser que isso seja inevitável. Seu direito humano à liberdade de expressão impõe a todos os agentes humanos um estrito dever moral de não o impedir de se expressar e de não colaborar para que lhe infligam leis ou práticas sociais que também possam censurá-lo. E seu direito humano a necessidades básicas impõe a todos os agentes humanos um estrito dever moral de não o privar dessas necessidades e de não colaborar para que lhe imponham leis ou práticas sociais que possam acabar por privá-lo.

Agora, sua idéia é de que pessoas más (desprezíveis) deveriam se eximidas de direitos humanos. Não acho que esta seja uma boa idéia, pelos seguintes motivos. Primeiro, não há qualquer concordância sobre quais são exatamente as pessoas más. Pegue um grupo do qual você seja membro e escreva os nomes dos membros em duas colunas: bons e maus. Deixe que outros membros do grupo façam o mesmo. Acho que você vai descobrir que as listas não coincidem. Muito poucos daqueles que você listou como maus vão listar a si próprios dessa maneira. E alguns membros poderão até listar *você* entre os maus – talvez com base no fato de que você não demonstra respeito algum por eles. O que deveríamos fazer diante dessa discordância? Uma solução plausível é concordar em respeitar os direitos humanos de todos, mesmo aqueles que são considerados maus, com base no entendimento de que todos os outros também respeitam os direitos humanos de todos (inclusive aqueles que eles consideram maus). Esta solução mostra como respeitar os direitos humanos de pessoas que você considera más pode ser de seu interesse. Isto é de seu interesse na medida em que é parte de uma convenção humana sob a qual seus direitos humanos são respeitados até mesmo por aqueles que o consideram mau.

Você poderia dizer em resposta que algumas pessoas são realmente más – elas não estão dispostas a honrar qualquer acordo de respeito aos direitos humanos e, em vez disso, cometem estupro, danos físicos ou assassinato, por exemplo. E, você acrescentaria, com certeza, que essas pessoas deveriam ser severamente punidas. Sim, de fato. Ao se atribuir direitos humanos às pessoas, a intenção não é protegê-las dessa punição; está-se simplesmente assegurando que essa punição é merecida caso ela transgrida o código. Um ser humano nunca deveria ser severamente punido sem um julgamento justo no qual ele possa, com ajuda de um advogado competente, responder às acusações feitas contra ele. A conduta pela qual ele é acusado precisa ter sido criminosa sob uma lei justificada na época em que ele agiu. E as provas apresentadas contra ele precisam convencer um juiz ou um júri imparcial de que o acusado é realmente culpado do que é acusado. Se – e *apenas* se – essas condições forem satisfeitas, uma punição severa poderá ser aplicada na pessoa sem a violação dos seus direitos humanos.

Você notará que estou argumentando aqui não simplesmente contra você, mas também contra os governos dos EUA e do Reino Unido, que, com efeito, decidiram seguir a sua idéia e não respeitar os direitos humanos de pessoas que eles consideram más. Como resultado, milhares de pessoas têm sido torturadas e milhares estão penando em prisões (freqüentemente secretas) – não apenas no Iraque, no Afeganistão e na Baía de Guantánamo, mas também na Jordânia, Paquistão, Qatar, Tailândia, Uzbequistão, outros lugares da Europa Oriental e na ilha britânica de Diego Garcia – com muito pouca esperança de algum dia serem acusadas de algum crime, de algum dia terem acesso a um advogado, de algum dia serem capazes de informar a suas famílias que ainda estão vivas. Para descobrir o que se sabe sobre essas pessoas, você pode dar uma olhada nas pesquisas feitas pela Human Rights Watch[8] e pela Anistia Internacional.

Anteriormente eu escrevi que é de seu interesse respeitar os direitos humanos até mesmo daqueles que você considera maus, na medida em que esse respeito é parte de uma convenção universal sob a qual seus direitos humanos são respeitados até mesmo por aqueles que o consideram mau. No que diz respeito aos governos

[8] ONG americana que atua no campo dos direitos humanos, denunciando casos em que eles são violados. (N. E.)

americano e britânico, esse recurso tem muito menos força. Talvez eles acreditem que são tão poderosos que não precisam dos benefícios dessa convenção. Ainda assim, mesmo os agentes mais poderosos têm motivos *morais* para respeitar os direitos humanos de todos. Um desses motivos – implícitos no que foi dito antes – é o fato de que muitos daqueles que consideramos maus podem não ser realmente maus. Como as pesquisas feitas pela Human Rights Watch e pela Anistia Internacional já mostraram várias vezes, muitos daqueles que estão detidos há anos como "combatentes inimigos" são completamente inocentes de qualquer crime (e com freqüência não libertados justo por serem inocentes – é muito menos embaraçoso para os governos dos EUA e do Reino Unido nunca mais deixar essas pessoas aparecerem do que fazê-las reaparecer, depois de anos de abusos, com histórias internas, mutuamente corroboradas, sobre instalações de detenção secretas, cuja própria existência é oficialmente negada).

Existem outros dois motivos morais para respeitar os direitos humanos de todos os outros. Primeiro, até mesmo pessoas ruins de verdade às vezes se tornam boas, ou pelo menos melhores. A possibilidade de isso acontecer em geral é maior se as tratamos com justiça e humanidade do que se desistimos delas, tratando-as como animais ou monstros. Segundo, ao tratarmos pessoas evidentemente más sem justiça, estamos também desumanizando a nós próprios. No fim da Segunda Guerra Mundial, Churchill defendeu que, uma vez que a guerra estava vencida, os principais líderes nazistas deveriam ser sumariamente executados como bestas perigosas. Esses líderes nazistas estavam entre as piores pessoas que o mundo já vira e haviam cometido seus crimes de uma maneira tão pública, que poderia haver poucas dúvidas sobre sua culpa. E ainda assim, Roosevelt insistiu, com sucesso, que eles deveriam ser julgados de maneira apropriada. Mesmo que não devêssemos isto a eles, ainda devíamos a nós mesmos, às suas vítimas e à posteridade manter no tratamento que dávamos a eles os mesmos padrões morais que eles haviam tentado destruir de uma vez por todas.

Isto me leva ao último ponto. Concordo com você que é hipócrita, se não grotesco, certas pessoas muito más apelarem para seus direitos humanos – pessoas más como Saddam Hussein, Suharto, ou Pinochet, que, quando estavam no poder, não demonstraram a menor preocupação com os direitos humanos daqueles que eles mataram e torturaram. Você pode rir com desprezo dos apelos deles e, entretanto, reconhecer o importante motivo moral (explicado no parágrafo anterior) de dar a eles um julgamento justo.

?

P

“Qual é a relação entre lei e moralidade? Ambas estão sempre seguindo de mãos dadas, ou é possível haver leis imorais ou moralidade ilegal?”

R

PETER LIPTON: Leis racistas e leis para escravos são exemplos de como a legalidade e a moralidade desmoronam. Uma lei pode tornar legal manter escravos, mesmo que isto seja imoral; uma lei pode proibir ajudar uma pessoa de outra raça, mesmo que isto seja moralmente obrigatório. Você pode não conseguir fazer o que é certo sem desobedecer a qualquer lei, e desobedecer à lei pode não ser imoral.

?

P

“É melhor ter um sistema de justiça criminal que corre o risco de libertar alguém que poderá cometer um crime terrível, ou um sistema que corre o risco de condenar um inocente?”

R

THOMAS POGGE: Qualquer sistema de justiça criminal realista cometerá os dois tipos de erro: erros-T (terrível crime futuro cometido por alguém absolvido equivocadamente) e erros-I (pessoas inocentes condenadas equivocadamente). Portanto, ao planejarmos nosso sistema de justiça criminal, deveríamos dar mais peso a evitar erros-T ou a evitar erros-I?

Por trás desta pergunta existe uma visão amplamente sustentada. Um famoso princípio de William Blackstone afirma: “É melhor dez *culpados* escaparem do que um *inocente* sofrer.” Acho que o que está por trás dessa visão é a idéia de que nós, como sociedade, conferimos uma responsabilidade muito maior por danos que causamos diretamente a inocentes do que por danos a inocentes que nós poderíamos ter impedido. Essa idéia é familiar num contexto mais simplificado. Seria errado matar uma pessoa inocente para salvar outra. Seria errado prejudicar uma pessoa inocente para salvar outra de ser prejudicada de um modo semelhante. Seria errado arriscar a vida de uma pessoa inocente para impedir que outra se arrisque (considerando os riscos iguais). E seria errado fazer com que uma pessoa corra o risco de ser prejudicada para impedir que outra pessoa corra o mesmo risco. Em todos esses casos, os agentes devem dar mais peso a danos e riscos de danos que eles causam diretamente do que a riscos de danos que eles apenas não conseguem impedir.

Isto quase responde à pergunta que você apresentou: deveríamos dar maior peso a evitar erros-I do que a evitar erros-T. Eu digo "quase" porque o estrago médio associado a erros dos dois tipos pode não ser igual. Portanto, a conclusão pode, de modo concebível, ser invertida se o estrago médio causado pelos erros-I é apenas alguns dias na prisão sem exposição pública, enquanto o estrago médio resultante dos erros-T é um massacre. Mas isto não é verdade no mundo real. Aqui, para reduzir seriamente o número de crimes terríveis cometidos por pessoas absolvidas por algum equívoco, teríamos que tornar mais fácil condenar pessoas acusadas de crimes muito sérios e depois tirar os condenados de circulação por períodos muito longos ou para sempre. E fazer isso sem dúvida aumentaria o número de pessoas inocentes que, condenadas equivocadamente, seriam trancadas por longos períodos ou até mesmo executadas.

?

P

"A recente controvérsia em torno da publicação, num jornal dinamarquês, de charges satirizando o profeta Maomé deu origem a alegações de que os dinamarqueses e outros povos deveriam romper tabus, e de que a liberdade de imprensa e a livre expressão têm um valor maior do que a manutenção desses tabus. Essa mesma alegação poderia ser feita em relação à discussão sobre os judeus e a Alemanha nazista?"

R

THOMAS POGGE: Sim, faz sentido fazer um paralelo entre esses dois casos. Mas eu não concordaria que os dinamarqueses e outros povos deveriam romper tabus. Você está certo ao afirmar que a liberdade de imprensa e a livre expressão têm mais valor do que manter esses tabus. Nossos países não deveriam, de fato, considerar ilegais nem as charges que insultam o profeta do Islã nem os trabalhos que glorificam os nazistas, ou que negam o Holocausto. Mas esta alegação é diferente da primeira alegação que você faz, ou seja, de que cidadãos de nossos países deveriam romper tabus quando fosse relevante. Não acho que as pessoas devem glorificar os nazistas, negar o Holocausto ou publicar charges que insultam figuras reverenciadas por outras religiões. Na verdade, acho que as pessoas devem evitar fazer essas coisas (embora, repetindo, fazer essas coisas deveria ser legalmente permitido).

Podemos, então, distinguir quatro categorias de expressão: (1) aquelas expressões que devem ser consideradas ilegais e que são moralmente erradas; (2) aquelas que devem ser legais e que são moralmente erradas; (3) aquelas que devem ser legais e que são indiferentes para a moralidade; e (4) aquelas que devem ser legais e que são moralmente exigidas. Em resposta à sua pergunta, deveríamos pensar em especial na categoria (2) para avaliar que pode haver motivos importantes (como respeito à verdade ou respeito às pessoas de outras crenças) para evitar certas expressões que, apesar de tudo, deveriam continuar sendo legais.

Existem dois fortes motivos para definir liberdade de expressão e liberdade de imprensa bem amplamente, de modo que todas ou a maioria das expressões moralmente erradas sejam protegidas legalmente. O primeiro motivo é que o processo político (o governo) em geral não é confiável para distinguir expressões moralmente permissíveis de expressões moralmente intoleráveis. Se fosse autorizado a fazer tal distinção, um governo com freqüência poderia ir além dos limites e tornar ilegal um excesso de coisas – como todos os tipos de expressão que o criticassem ou que fossem embaraçosos para ele. A experiência de muitos países – no passado e no presente – mostra que os governos têm essa tendência. Talvez seja melhor, então, não dar aos governos essa autoridade e proteger constitucionalmente a liberdade dos cidadãos de se expressarem, mesmo que de maneiras moralmente ofensivas. O segundo motivo é que considerar ilegal a expressão de certas opiniões é muitas vezes algo contraproducente. Quando um governo usa uma lei criminal para suprimir alguma opinião, muitos cidadãos podem concluir que o governo teme essa opinião e não consegue refutá-la. E a opinião suprimida pode então receber mais apoio entre os cidadãos do que receberia se pudesse ser abertamente debatida. Na verdade isto aconteceu, eu acredito, com as glorificações dos nazistas e as negações de que o Holocausto tinha ocorrido. Essas opiniões moralmente ofensivas são mais efetivamente marginalizadas não por uma proibição legal, mas ao serem expostas a um debate livre e aberto. (David Irving ao que parece mudou de idéia sobre o Holocausto com base em respostas de historiadores e outras pessoas). E a resposta mais eficiente aos editores daquele jornal dinamarquês pode ser um vigoroso debate sobre por que eles se recusaram a publicar as charges anteriores que insultavam Jesus Cristo.

?

P

"A ressuscitação cardíaca de um indivíduo com um tumor cerebral inoperável pode ser justificada? Quem se beneficia?"

R

PETER S. FOSL: Uma pergunta interessante e relacionada, eu acho, à pergunta sobre se pessoas condenadas à morte deveriam receber assistência médica. Para mim, há seis considerações que, juntas, justificam a prática da ressuscitar pessoas que estão morrendo de uma doença terminal e que sofrem uma parada cardíaca. São considerações com base na própria natureza da morte e do ato de morrer – sua variabilidade e sua inevitabilidade – e na importância da dignidade e da autonomia humanas.

1. *MORTALIDADE UNIVERSAL*: Num certo sentido, estamos todos condenados à morte, já que todos nós vamos morrer em algum momento. Você poderia dizer que pessoas com tumores cerebrais inoperáveis simplesmente têm uma idéia mais clara sobre quando e como morrerão do que a maioria das pessoas. Considerando o fato da mortalidade universal, saber quando e como se vai morrer não parece ser por si só um bom motivo para negar assistência médica à pessoa.

2. *PROBABILIDADE, E NÃO NECESSIDADE*: Observe, além disso, que mesmo para as pessoas com tumores mortais inoperáveis, o

quadro não está perfeitamente claro. Em geral, as pessoas enfrentam uma probabilidade de morte causada pelo tumor, e não uma certeza. Até mesmo um milésimo de 1% de chance de recuperação é uma chance e, portanto, um motivo para administrar a ressuscitação. Remissões espontâneas não são desconhecidas.

3. *TEMPO*: Mesmo que a morte causada por um tumor fosse certa, o tumor demora um tempo para matar. Esse tempo de vida pode fornecer fundamento para a ressuscitação. Um de meus tios morreu de tumor cerebral. Enquanto o tumor o matava, ele passou seu tempo visitando parentes e amigos, pondo seus assuntos financeiros e legais em ordem, fazendo planos para a assistência a sua mulher e a seus filhos, indo a cultos religiosos, ouvindo música, lendo, viajando etc. Se ele tivesse sofrido uma parada cardíaca durante esse período e não lhe tivesse sido concedida uma ressuscitação, teria sido negado a ele esse tempo bem aproveitado.

4. *AUTONOMIA*: Decidir como receber a morte é um elemento terrivelmente importante da autodeterminação humana. É importante dar assistência àqueles que desejam, supostamente, parar de lutar.

5. *REBELIÃO*: O filósofo existencialista Albert Camus argumentou – persuasivamente, na minha opinião – que talvez o caminho central para tornar a vida significativa é se rebelar ou lutar contra a morte e não aceitar com condescendência a realidade final esmagadora e aniquiladora da existência humana. Uma história que ouvi certa vez sobre o pintor francês Renoir parece ilustrar o sentido da alegação de Camus. A certa altura, o artista envelhecido já não conseguia segurar o pincel. Então, desafiando sua degeneração, Renoir

pediu a sua assistente que prendesse o pincel em sua mão artrítica. Recusar a atender ao pedido de Renoir e dizer-lhe que de qualquer modo ele logo estaria morto teria sido capitular diante da aniquilação sem sentido e repreender sua escolha sobre como enfrentá-la. Ela usou seu tempo e seu esforço para amarrar o pincel à mão dele e, ao fazer isso, fez a coisa certa.

6. *DISPONIBILIDADE DE RECURSOS*: Agora, se (a) a administração da ressuscitação exigisse um custo social que prejudicasse seriamente pessoas com tumores e se (b) a morte causada pelo tumor fosse com certeza iminente, então haveria motivo para recusar uma ressuscitação. É claro que há situações em que os recursos médicos são escassos (como em sociedades pobres e zonas de guerra) e em que ressuscitar um paciente significaria negar ajuda a outros. Mas na maioria dos casos o custo de uma ressuscitação é baixo e os recursos são abundantes o suficiente para atender outras pessoas. Em resumo, a disponibilidade de recursos geralmente torna possível ressuscitar pacientes terminais que têm parada cardíaca sem negar benefícios significativos a outros.

Naturalmente, a autonomia daqueles que não querem receber a ressuscitação (em especial os que deixaram ordens expressas para que isso não fosse feito) também deveria ser respeitada. Do contrário, o processo incerto, variável e freqüentemente gradual de morte em conjunção com considerações sobre mortalidade universal, autonomia, dignidade e recursos disponíveis leva claramente, eu acho, à conclusão de que devemos fornecer a ressuscitação àqueles que tem doenças em fase terminal, inclusive tumores cerebrais inoperáveis.

P

“Sou um médico que está cuidando de uma mulher que tem uma forte asma que exige internação hospitalar. Acontece que ela está grávida de seis meses, o que é clinicamente importante, porque níveis de oxigênio baixos no sangue afetam o feto. Eu a informo que se ela recusar o tratamento, seu feto sofrerá privação de oxigênio e provavelmente a criança nascerá com retardamento mental. Ela responde: ‘Deus cuidará de nós, eu vou para casa.’

Minha paciente está fazendo algo moralmente errado? Se está, eu deveria tentar impedi-la?”

R

JYL GENTZLER: Para simplificar as já complexas questões morais que estão em jogo nesse caso, vou apenas supor que sua paciente está enganada em relação às intenções de Deus. Deus não vai impedir os danos a seu feto, nem oferecerá benefícios compensadores.

A resposta à sua primeira pergunta é complicada por dois fatos: (a) o indivíduo que seria prejudicado pela falta de tratamento de sua paciente é hoje um feto e (b) sua paciente aparentemente ignora o fato de que está de fato pondo em risco seu futuro filho.

Enquanto os direitos das crianças claramente não são controversos, os direitos dos fetos são altamente contestados. Entretanto, podemos evitar essa controvérsia falando simplesmente sobre o futuro filho de sua paciente. Se o futuro filho nascesse com deficiência mental porque sua paciente se recusou a ser tratada, então sua recusa ao tratamento o deixaria num estado muito pior do que ele estaria se ela aceitasse o tratamento. Como sua paciente não alega que ela ou qualquer outra pessoa sofreriam danos significativos se ela *aceitasse* o tratamento, eu concluiria que a recusa de sua paciente ao tratamento é moralmente errada.

Mas, para o propósito de avaliação moral, não é importante que sua paciente acredite sinceramente que está agindo no interesse de seu filho? A resposta à pergunta depende do objeto de sua avaliação moral.

Uma ação pode ser errada, talvez porque tem conseqüências terríveis. Mas a pessoa que age de maneira errada pode ser uma pessoa boa porque pretendia ajudar os outros, mas não poderia racionalmente prever as conseqüências ruins de sua ação. Para usar um exemplo familiar, um bom samaritano poderia ter problemas ao salvar a vida de uma pessoa que na verdade é um *serial killer*. Nessa situação, a ação do bom samaritano seria moralmente correta? Eu gostaria de dizer "não". Se ele não agisse dessa maneira, muitas vidas valiosas seriam salvas. Nenhuma ação com essas conseqüências ruins (ainda que indiretas) poderia ser moralmente correta. Se tivesse que fazer a escolha novamente, sabendo o que sabe agora sobre o *serial killer*, o bom samaritano (porque ele é bom) não faria a mesma escolha. Entretanto, dada a primeira situação, ele não poderia ser moralmente culpado por fazer o que fez, porque não poderia antecipar as conseqüências ruins de suas ações. Vamos voltar agora para sua paciente. Pelos motivos que apresentei acima, eu diria que sua recusa ao tratamento é moralmente errada. Entretanto, eu diria que ela é uma pes[illegible] merecedora de culpa *apenas* se sua ignorânci[illegible]áveis conseqüências prejudiciais de sua ação for por [illegible]ecedora de culpa.

Segunda pergunta: quais são suas obrigações morais? Supondo que o comportamento de sua paciente é moralmente errado, o que fazer? Infelizmente, não muito. O fato de as potenciais ações de uma pessoa serem imorais não implica por si só que outra pessoa tenha permissão moral para impedi-la de agir de forma imoral. Os médicos têm um importante papel benéfico em nossa sociedade, e a capacidade deles de cumprir esse papel benéfico pode estar ameaçada se eles a colocarem acima deles próprios (especialmente como um assunto de obrigação profissional) para impedir que pacientes ajam de modo imoral. Pacientes podem se recusar a continuar se tratando com médicos que considerarem prepotentes, e as conseqüências para a saúde tanto dos pacientes quanto dos fetos (e das crianças que estes se tornarão) poderiam ser, então, devastadoras.

?

P

“Sou médico. Tive que fazer RCP (ressuscitação cárdiopulmonar) em público, fora do hospital, pelo menos seis vezes na minha vida. Só uma vez o paciente se recuperou parcialmente – morrendo depois de dois meses. É bem conhecido entre os médicos o fato de que um percentual muito pequeno dos pacientes ‘ressuscitados’ se recupera completamente depois de sofrer um ataque cardíaco. Se sobrevive, o paciente freqüentemente fica reduzido a um estado vegetativo. Eu próprio decididamente não gostaria que me administrassem uma RCP se tivesse um ataque cardíaco.

Como meu comportamento/atitude se enquadra na Regra de Ouro de agir com os outros conforme eu gostaria que agissem comigo? Sou holandês, e na Holanda todos os médicos fazem o Juramento de Hipócrates, que claramente entra em conflito com a decisão de não administrar a RCP. Eu deveria parar de fazer a RCP fora do hospital, ou honrar meu juramento apesar de julgá-lo errado?”

R

THOMAS POGGE: Você não gostaria que administrassem a RCP em você. E você também não gostaria de receber um tratamento contrário a sua vontade. Para seguir a Regra de Ouro, precisamos saber qual desses dois desejos tem maior força. Eu pensaria que é o último. Nesse caso, você deveria administrar a RCP naquelas pessoas que querem que a RCP seja administrada nelas – portanto, tratando-as de acordo com a vontade delas.

Sem dúvida, muitas vezes, o que uma vítima de ataque cardíaco quer ou quereria é algo que não se sabe. Mas podemos superar essa ignorância tornando disponíveis simples cartões ou adesivos nos quais as pessoas possam informar sua escolha ("por favor, administre/não administre RCP em caso de ataque cardíaco"). No entanto, vítimas de ataque cardíaco geralmente não dão essa informação sobre elas próprias, e esse problema não pode ser evitado de todo. Portanto, os médicos algumas vezes precisam enfrentar uma incerteza. Aqui, eu acho, o fardo da tomada de decisão não deveria recair sobre eles. A sociedade deveria dar aos médicos instruções legais claras sobre a "ausência": sobre como médicos devem agir na ausência de instruções especiais do paciente. Essa instrução sobre a ausência é legítima já que cada pessoa é livre para decidir, por meio de uma instrução pessoal, o que ela quer que seja feito caso ela sofra alguma coisa.

E se o Estado não criou qualquer instrução de ausência e nenhuma instrução é encontrada com a vítima de ataque cardíaco? Aqui eu acho que você deveria administrar a RCP, simplesmente porque depois o paciente terá maneiras de pôr fim a sua vida se discordar de sua decisão. Em contraste, se você não administrar a RCP, contrariando o que o paciente na verdade quereria, o efeito de sua decisão (a morte do paciente) é decisivo e sem possibilidade de correção.

?

P

“Suponha que estou trabalhando num projeto de tratamento médico para uma doença que não tem cura nem mesmo tratamento. Meus objetos de estudo relatam que se sentem muito melhor depois de receberem o tratamento, mas depois um estudo mostra que o tratamento na verdade é ineficaz, e que tudo o que eu estou verificando é efeito placebo.

Eticamente eu posso dizer a eles a verdade, e assim fazê-los sentirem-se pior? Isto violaria o princípio de ética médica de ‘antes de tudo, não causar nenhum mal’?”

R

JYL GENTZLER: É difícil seguir a obrigação 'antes de tudo, não causar nenhum mal', a não ser que se saiba o que é considerado mal, e não há qualquer consenso claro sobre esse assunto.

Parece que, ao fazer uma pessoa se sentir pior, estou causando um mal a ela. Sentir-se mal é por si só uma coisa ruim, e pode levar a outras coisas ruins. Se eu me sinto mal, então não consigo fazer outras coisas que de outra maneira eu gostaria de fazer, coisas que eu poderia acreditar que têm valor por si próprias. Como você sugere, essas considerações podem parecer ir contra a revelação da verdade a seu paciente. Ao mesmo tempo, em certas circunstâncias, eu poderia ser levado a me sentir pior se fosse impedido de saber a verdade sobre minha situação. Se eu tenho crenças falsas, eu poderia fazer escolhas que de outra maneira não faria, escolhas que me levariam a me sentir pior do que de outra maneira me sentiria.

Eu poderia sofrer simplesmente por ser levado a acreditar em algo falso sobre mim, mesmo se essa crença falsa nunca levar a qualquer redução de sentimentos bons ou a qualquer aumento de dor, insatisfação ou descontentamento? Imagine que eu acredite que sou muito admirado e profundamente amado por meus amigos e minha família e que essa crença me dê profundos sentimentos de contentamento e satisfação. Mas imagine também que estou completamente iludido: sou ridicularizado pelas minhas costas e secretamente desprezado por meus amigos e minha família, que esperam receber de mim uma grande herança. Vamos supor ainda que eu não teria como descobrir a verdade a não ser que você me contasse. Eu ficaria melhor simplesmente por saber a verdade sobre minha situação? Filósofos discordam sobre se o autoconhecimento é por si só de valor significativo, independentemente dos bons sentimentos que ele em geral – mas não sempre – torna possível.

De qualquer modo, a maioria de nós valoriza saber a verdade sobre nossa situação, sobretudo porque acreditamos que com esse conhecimento podemos tomar decisões melhores do que tomaríamos se nós o ignorássemos – decisões melhores do que qualquer outra pessoa poderia tomar por nós. E mesmo que fôssemos de alguma maneira convencidos de que outras pessoas poderiam tomar decisões muito melhores por nós do que nós mesmos, e que nos sentíssemos muito melhor se fôssemos mantidos no escuro, a maioria de nós *ainda assim* preferiria tomar suas próprias decisões imperfeitas (mas com informações). Por esses motivos, a maioria dos filósofos tem sustentado que médicos deveriam sempre revelar a seus pacientes informações sobre suas condições médicas (inclusive, ao que parece, o efeito de um remédio ou placebo sobre sua saúde).

P

“A qualidade de vida de alguém pode ser tão ruim a ponto de você ter justificativa para cuidar dessa pessoa, contra a vontade dela, para melhorá-la? A partir de qual estágio isso seria conveniente?”

R

THOMAS POGGE: Tudo depende da capacidade mental do indivíduo em questão. Se ele não é muito capaz (uma criança, talvez, ou um deficiente mental), então poderíamos interferir até mesmo para impedir males pequenos. Não se deveria nunca interferir na liberdade de adultos completamente capazes para melhorar a qualidade de vida deles. Mesmo assim, quando a qualidade de vida de uma pessoa se torna muito baixa, sua capacidade mental pode ser questionada. É difícil pensar com racionalidade quando se está com uma dor intensa, por exemplo. E nesses casos, então, cuidar de alguém contra sua própria vontade pode ser algo justificado.

Aqui, ainda enfrentamos uma pergunta: *quem* deve fazê-lo? Um bom candidato é um membro da família que conheça intimamente a pessoa e que saberia o que ela desejaria se estivesse se sentindo melhor. Um candidato ruim seria um estranho, movido talvez por valores morais ou religiosos que a pessoa não tem.

Portanto, quando um adulto normalmente capaz está em condições tão ruins que sua capacidade de tomar decisões está prejudicada, outras pessoas que o conhecem bem poderiam interferir em sua liberdade para melhorar sua qualidade de vida de maneira que (elas acreditam com sinceridade) ele aprovaria se estivesse plenamente lúcido.

?

P

“Nunca entendi o adesivo de pára-choque de carro ‘Contra o aborto? Não faça um’. Quero dizer, as pessoas que são contra o aborto acreditam que este é o equivalente a um assassinato de bebês, ou algo perto disso. Mas certamente quem põe esse adesivo em seu carro não seria a favor de um adesivo que sugere que se você é contra o infanticídio, a resposta apropriada é simplesmente evitar matar bebês. Se é assassinato, então não deveria ser ilegal?”

R

THOMAS POGGE: Concordo, o adesivo tem um apelo muito pouco persuasivo para aqueles aos quais ele propõe enviar a mensagem. Mas algo deveria ser dito contra o ponto de vista mais geral que você apresenta, como o que se segue.

Suponha que alguém acredite que o aborto moralmente equivale (grosso modo) a um infanticídio e a um assassinato, e também que o infanticídio e o assassinato são crimes terríveis que devem ser tornados ilegais e punidos severamente. Seria incoerente essa pessoa também sustentar que a lei criminal não deveria interferir na decisão de qualquer mulher de fazer um aborto ou não?

Uma pessoa poderia ter essas duas opiniões ao mesmo tempo – de fato, Mario Cuomo defendeu ambas quando era governador do estado de Nova York. Uma pessoa poderia racionalizar essa combinação da seguinte maneira: “Estou convencido de que o aborto é um assassinato. Mas o fundamento de minha convicção está numa religião que muitos de meus companheiros cidadãos não seguem. Na verdade, meu país está profundamente dividido na questão do aborto, com muitas pessoas inteligentes dos dois lados. Nessas circunstâncias, eu estaria errado se usasse a lei criminal para suprimir uma conduta que muitas pessoas inteligentes acreditam que é moralmente permissível. Por outro lado, não é errado usar a lei criminal para suprimir o infanticídio e o assassinato, porque estes são amplamente reconhecidos como crimes terríveis por cidadãos de diversos estilos de vida."

Vale a pena pensar neste ponto de vista, embora seja difícil ele caber num adesivo. Uma pessoa que defende a escolha pode respeitar a convicção de outras de que o aborto é um assassinato e ainda fazer um apelo arrazoado às pessoas que são contra o aborto para que elas não usem seu poder político para fazer a lei criminal se adequar a suas convicções amplamente religiosas.

?

P

“Nasci no início dos anos 1960. Quando minha mãe ficou grávida, meus pais não eram casados, mas se casaram e eu nasci oito meses depois. Em geral, tenho tido uma vida maravilhosa e sou grato por ter a chance de vivê-la. Não consigo deixar de pensar que se minha mãe tivesse feito um aborto, teria feito uma coisa terrível a mim. Ela teria encurtado minha vida consideravelmente – na verdade, tanto que eu não teria tido sequer a chance de vivê-la! Se o assassinato é uma maldade porque nega uma vida boa para uma pessoa no futuro, então o aborto não é ainda pior?”

R

JYL GENTZLER: Se sua mãe tivesse feito um aborto naquela época, então, sim, ai de mim, você não existiria. Entretanto, também é provável que, se sua mãe tivesse feito *qualquer coisa* diferente naquela noite decisiva no início dos anos 1960 – se ela tivesse decidido ficar em casa, se o encontro com seu pai tivesse atrasado até mesmo por uma pequena mudança no trânsito –, você não existiria: aquele óvulo específico e aquele espermatozóide específico simplesmente não se juntariam. Na verdade, se uma multiplicidade de acontecimentos no passado tivessem sido diferentes (por exemplo, se as condições climáticas fossem um pouco diferentes naquela noite, milhões de anos atrás, quando seus antigos ancestrais ficaram juntos), você não existiria. Quando você pensa em todos os eventos que tiveram que conspirar desde o início dos tempos para produzir você, então fica claro o quanto cada um de nós é sortudo por viver até mesmo apenas um minuto. As chances contra nós eram astronomicamente grandes.

Agora vamos imaginar todas as várias uniões possíveis entre um óvulo e um espermatozóide humanos que poderiam gerar pessoas cuja vida fosse tão boa quanto a sua. Se o encontro de seus pais tivesse, por exemplo, começado apenas um pouco depois, outra pessoa teria sido concebida naquela noite. Foi sorte sua essa pessoa não ter sido gerada? Deveríamos lamentar por essa pessoa? Deveríamos sentir pesar pelas vidas perdidas de um número interminável de pessoas que poderiam existir se as coisas tivessem sido apenas um pouco diferentes?

Para responder a essa pergunta, vamos imaginar outra possibilidade. Suponhamos que você tenha quase conseguido um emprego perfeito. Você descobre depois que, no que dependia da comissão de contratação, você e o candidato aceito eram igualmente qualificados para ocupar o cargo. No final, tiveram que fazer um cara ou coroa para tomar a decisão. O emprego praticamente era seu, como pode parecer, mas lhe foi roubado pelo destino cego. De maneira semelhante, quando você pensa em sua mãe fazendo um aborto, você está imaginando uma situação na qual todos os acontecimentos ao longo de eras haviam levado à união de um óvulo específico e um espermatozóide específico, uma união que – se sua mãe não tivesse feito um aborto – teria gerado você. Pode parecer, então, que, quando você imagina sua mãe fazendo um aborto, você a está imaginando, não cegamente, mas deliberadamente, tirando de você um bem significativo – a própria vida – que já era legitimamente seu.

Mas era realmente? O emprego não era de fato seu, embora seja fácil imaginá-lo como o sendo. Você existia; o emprego existia.

Se os acontecimentos tivessem sido ligeiramente diferentes, o emprego teria sido seu; mas eles não foram diferentes, o emprego não foi seu e, sendo assim, ele nunca foi tirado de você. Para uma vida (ou parte de uma vida) ser tirada de você, tem que haver um *você* do qual ela possa ser tirada. Quando as circunstâncias não conspiraram para trazer à existência as pessoas meramente possíveis que eu pedi a você para imaginar, elas não sofreram nenhum mal, porque para ser objeto de algum mal, é preciso ser o objeto. E para ser o objeto, é preciso existir. Elas nunca existiram. Portanto, quando você imagina sua mãe fazendo um aborto, você está se imaginando sofrendo o terrível mal de ter sua vida tirada de você, *ou*, em vez disso, está imaginando a possibilidade de nunca ter existido realmente, e, portanto, nunca ter sido um candidato a esse mal?

A resposta para esta pergunta depende, é claro, de quando *você* passou a existir e de quais são as características que fazem com que você seja *você*. Você existia quando aquele óvulo específico e aquele espermatozóide específico se uniram? Você passou a existir quando aquele óvulo fertilizado se desenvolveu, tornando-se um feto com alguma capacidade mental? Você passou a existir apenas quando aquele feto se desenvolveu para se tornar um ser com uma capacidade mental mais sofisticada? Estas são perguntas filosóficas muito difíceis e complexas que eu não posso explorar aqui. Minhas opiniões (não defendidas) são essas. Embora nós tenhamos uma tendência a pensar em nossa existência como uma coisa do tipo 'tudo ou nada', eu acredito que, apesar de esses limites serem vagos, havia claramente um *você* antes de você adquirir uma capacidade mental sofisticada. Já que você existia, pôr fim a sua vida constitui um mal feito a você. E, eu concordo, quanto mais cedo a vida é interrompida, mais significativa é sua perda.

PARTE III

o que eu posso esperar?

Toda arte e toda investigação, e de forma semelhante toda ação e ocupação, é pensada como tendo um objetivo bom; e por esta razão o bem tem sido corretamente declarado como sendo o que todas as coisas têm como objetivo... Se, então, existe uma finalidade para as coisas que fazemos, a qual desejamos por si só (tudo mais sendo desejado por conta dessa finalidade), e se não escolhemos tudo por conta de alguma outra coisa (porque nesse passo a cadeia iria até o infinito, de modo que nosso desejo seria vazio e vão), isto claramente têm que ser o bem e o principal bem. O conhecimento disto não terá, então, uma grande influência sobre a vida? Como arqueiros que têm um alvo a mirar, não teríamos mais chance de nos depararmos com o que é certo? Se é assim, precisamos tentar, pelo menos em esboço, determinar o que é isto, e de qual das ciências ou das capacidades isto é objeto.

— **ARISTÓTELES,**
ÉTICA A NICÔMACO

A pessoa reflexiva sente uma tristeza que aquela que não reflete desconhece, uma tristeza que pode levar à ruína moral: é um descontentamento com a providência que governa todo o curso do mundo; e ela sente isso quando pensa no mal que tanto oprime a raça humana, deixando-a sem esperança (aparente) de algo melhor. É da maior importância, entretanto, estar contente com a providência (embora ela indique para nós uma estrada tão árdua neste mundo terreno), em parte para que, sob o peso de nossos fardos, possamos sempre obter coragem e – já que pomos a culpa por esses fardos no destino, e não em nós mesmos, que talvez sejamos a única causa desses males – fixar nossos olhos nesse fato e não negligenciar nossa própria obrigação de contribuir para a melhoria de nós mesmos.

— **IMMANUEL KANT,**
"INÍCIO ESPECULATIVO DA HISTÓRIA HUMANA"

P

"Estou pensando em ter filhos, mas não consigo pensar em qualquer bom motivo para tê-los. Parece impossível ter obrigações com uma pessoa que não existe ainda. Será que há algum bom motivo para ter filhos que não seja egoísta?"

R

NICHOLAS D. SMITH: Acho que alguns filósofos argumentariam que há bons motivos para não ter filhos, devido às pressões populacionais. Mas estou inclinado a tomar uma direção diferente aqui, perguntando a você por que você supõe que auto-interesse é o mesmo que egoísmo. Uma das coisas que achei extraordinária em minha experiência própria de ter filhos foi a quantidade de amor que eu descobri ser capaz de ter e compartilhar. Isto deu mais significado para minha própria vida? Certamente, sim! Isto deu mais significado à vida de outras pessoas? Eu acho (e espero) que sim. Eu me tornei uma pessoa melhor, considerando tudo? Eu acho (e espero) que sim. E se estou fazendo um bom trabalho com meus filhos (como eu espero estar fazendo), então todas as pessoas com as quais eles fizerem contato ficarão potencialmente melhores. Sem dúvida, nem todos os pais são pessoas boas e a paternidade nem sempre melhora as pessoas. Mas se você deseja ter filhos, acho que isto é pelo menos uma indicação de que você poderia fazer algo importante não apenas por você, mas por muitas outras pessoas além, inclusive, das crianças que você trouxer ao mundo. Não subestime o poder do amor, principalmente se aquele que tem amor é também eticamente consciente.

?

P

"De acordo com Goethe, as únicas pessoas realmente felizes são aquelas que são como crianças. O que preencheria o requisito de ser como criança, e como isto tornaria alguém feliz?"

R

NALINI BHUSHAN: A imagem da criança feliz freqüentemente é evocada como modelo de felicidade adulta (você cita Goethe; Nietzsche, por exemplo, em *Assim Falou Zaratustra*, faz isso também, na parte das três metamorfoses). Embora, no fim das contas, isso possa constituir uma visão excessivamente romântica do mundo da criança, o modelo tem pelo menos três componentes intrigantes, apresentados a seguir:

1. *ESPONTANEIDADE DE AÇÃO*: Crianças, conforme se diz, não têm uma vida interna complexa, então suas respostas a acontecimentos são imediatas, quase instintivas e sem a ansiedade que freqüentemente acompanha análises retrospectivas, comuns aos adultos, de gestos ou ações já realizados.

2. *ORIENTAÇÃO PARA O AQUI E AGORA*: Em decorrência do primeiro componente, as crianças não têm uma bagagem de passado e, sobretudo, têm menos capacidade para imaginar concretamente seu futuro (embora sem dúvida possuam uma imaginação rica), de modo que sua perspectiva tende, na maior parte, a ser orientada em direção ao presente, e não ao passado ou ao futuro.

3. *FACILIDADE DE EXPRESSÃO VERBAL E CORPORAL*: Sem consciência da observação dos outros, as crianças navegam livremente nos espaços físico, auditivo, olfativo e verbal que habitam.

Esse modelo de criança feliz dá aos adultos idéias sobre como se tornarem mais felizes? Talvez.

Primeiro, existe um tipo de liberdade que um adulto pode experimentar em virtude de ser capaz de agir numa situação avaliando-a rapidamente e com clareza logo no início, sem a intervenção consciente de uma série de crenças e desejos que tipicamente precedem (e às vezes comprometem) a ação adulta. Segundo, o modelo prescreve um peso maior ao presente do que ao passado ou ao futuro como componente de felicidade. Ele nos força a perguntar o que uma pessoa vê, como adulta, quando examina sua própria vida atual (e passada) e imagina seu futuro, e se toda essa reflexão é relevante para a sua vida atual. Isso talvez ajude a nos afastarmos do peso que sentimos com decisões passadas e compromissos e perguntar: eu estou realmente preso a uma certa maneira de fazer as coisas ou existem opções atualmente diante de mim que eu não consigo *ver*? E, terceiro, isso pode nos levar a reduzir as inibições que temos ao nos expressarmos com nossas vozes e nossos corpos, e desta maneira reduzir o estresse. (Existem atualmente clubes de risada em toda a Índia, nos quais o objetivo é dar grandes gargalhadas sem motivo algum, e bares de karaokê em todo o Leste da Ásia, onde homens de negócios podem cantar com entusiasmo ao fim de um dia exaustivo.)

?

P

“Por que algumas emoções são vistas de maneira negativa? Por que estar feliz não pode ser tão bom quanto estar triste?”

R

NALINI BHUSHAN: Um motivo central é o fato de certas partes de nossa cultura associarem a tristeza ou o pesar a uma profundidade de caráter e a alegria a uma certa superficialidade. Uma pessoa triste, por exemplo, é considerada capaz de discernir a verdadeira natureza das coisas, de ver as pessoas como elas realmente são, de ver o mundo como o lugar aleatório e caótico que ele realmente é, por mais que ele pareça planejado ou projetado. Desta maneira, a tristeza se torna a marca emocional da profundidade de caráter. Em contraste, uma pessoa alegre é comumente considerada como aquela que vê, na melhor das hipóteses, o que está na superfície, ou o que é mais acessível a ela. Esse traço de caráter, por sua vez, é freqüentemente associado à atração pelo material — seja a aparência das coisas (carros, corpos e casas bonitos), seja aquilo que se pode comprar com dinheiro — e não as coisas que despertam o sentimento, a mente ou a alma de uma pessoa.

Existe, porém, um outro tipo de consideração que se pode atribuir à alegria e à tristeza, o qual encontramos em outras culturas ou tradições. Na tradição budista, por exemplo, a tristeza e o sofrimento são, realmente, um aspecto fundamental da condição humana, de modo que a pessoa que sente tristeza é mais iluminada do que a pessoa que simplesmente passa a vida sem nunca sentir essa emoção. Mas a marca da iluminação maior é ser capaz, ao viver os aspectos da condição humana que causam tristeza (como doença, morte e perdas de vários tipos), de os aceitar e de se sobrepor a eles, alcançando um estado de felicidade, tranqüilidade e até alegria.

De acordo com essa visão, no fim das contas, a alegria teria mais valor que a tristeza, porque se baseia numa compreensão mais direta, completa e complexa da experiência. E a pessoa alegre seria mais capaz do que a pessoa cujo coração é cheio de tristeza de experimentar o que é uma emoção central para os budistas — a compaixão —, a qual requer uma abertura e uma receptividade para os problemas e os estados emocionais de outras pessoas.

?

P

"É possível medir a tristeza ou a alegria? Se é, a tristeza ou a alegria de uma pessoa pode ser maior do que a de outra?"

R

MARK CRIMMINS: Esta é uma daquelas perguntas em que seu primeiro impulso é dizer "É claro!" e "Impossível!" ao mesmo tempo (o que obviamente é impossível). É claro! Temos poucas dificuldades para compreender que o suicida depressivo é menos alegre do que o bebezinho de olhos radiantes. Temos segurança até para fazer diferenciações mais sutis: podemos dizer, por exemplo, que um corredor que finalmente alcançou seu melhor desempenho está mais feliz do que o chefe de cozinha que está satisfeito porque seu novo prato manterá a fama do restaurante. Mas, impossível! Nunca podemos colocar a satisfação do chefe de cozinha no mesmo plano mental do entusiasmo do corredor. E não seria necessário conseguir fazer isso para compará-los? Não poderia acontecer de a alegria do chefe de cozinha ser muito maior e ele reagir a esse nível de alegria de uma maneira muito mais controlada do que o corredor (talvez o humor "básico" do chefe fizesse o corredor pular e cantar)?

Talvez a ciência do cérebro possa nos ajudar. Suponha que determinamos experimentalmente (imagine um estudo realmente enorme e bem planejado) que existe uma correlação extremamente estreita entre o nível de uma certa substância química C no cérebro de uma pessoa e o grau em que observadores cuidadosos desta mesma pessoa (que age espontaneamente) percebem sinais de alegria em seu comportamento. Suponha que se descobriu também que os níveis de C são responsáveis pelos efeitos psicológicos paradigmáticos de alegria e até mesmo pelos efeitos cognitivos paradigmáticos (incluindo possivelmente o pensamento otimista, níveis elevados de energia, generosidade e assim por diante). Então não poderíamos concluir, com alguma segurança, que os níveis de C fornecem uma medida da alegria? Acho que alguns filósofos responderiam: "Com certeza!" Entre esses, alguns considerariam que a alegria é aquilo que realmente desempenha um certo papel causal: o de produzir um comportamento alegre e disposições cognitivas de alegria; e teríamos descoberto que altos níveis de C fazem isso; logo alegria *é* ter um alto nível de C. Outros considerariam (apenas de maneira sutilmente diferente) que alegria é ter *algum ou outro* estado que desempenha esse papel causal e, assim sendo, teríamos descoberto que ter um nível elevado de C é *a maneira como a alegria acontece nos seres humanos.* Ambas as posições concluiriam que a alegria das pessoas é mensurável e comparável. Outro grupo de filósofos discordaria. Eles insistiriam que o que está relacionado aos níveis de C não é a alegria em si, mas seus efeitos comportamentais e cognitivos. Quem diria que o mesmo comportamento "alegre" e as mesmas disposições cognitivas não seriam produzidos por quantidades bastante diferentes de alegria em pessoas diferentes? Outros filósofos ainda iriam balançar a cabeça diante da ingenuidade do resto de nós por tratarmos uma palavra comum como "alegria" como se houvesse alguma esperança de nela haver algum "aspecto de realidade".

Fique ligado à espera da resposta. Nós a daremos a você dentro de um século ou dois, tranqüilamente.

P

"De acordo com estatísticas, uma em cada cinco pessoas sente depressão. Se a depressão é tão comum, como sabemos que ela é uma doença e não apenas uma parte normal do ser humano? Talvez não seja razoável esperar ser feliz!"

R

MARC LANGE: Esta é uma pergunta excelente. A distinção entre saúde e doença é tremendamente controversa. Alguns filósofos acreditam que a diferença é inteiramente estabelecida por diversos fatores do mundo natural. Esses filósofos poderiam indicar que a depressão tem uma base bioquímica, já que ela surge da produção de certas quantidades extremas de um neurotransmissor ou surge de um gene específico – que acaba por inibir ou impedir certas células de realizar suas funções básicas na vida (como empregar um determinado caminho metabólico na produção de energia). De acordo com essa visão, o fato de a depressão ser comum não muda a realidade de que ela envolve o mau funcionamento de alguma parte do corpo, o termo "mau funcionamento" tendo aqui um sentido estritamente biológico.

(Mas o que, então, significa uma parte do corpo funcionar direito? O que determina a função biológica dessa parte do corpo? Esta também é uma pergunta controversa. Uma sugestão é de que o funcionamento apropriado de parte do corpo implica em fazer o que lhe foi naturalmente designado a fazer ao longo do curso da história recente da evolução. A função do coração é bombear sangue, e não fazer sons de batimentos (embora ele faça isso também), porque o bombeamento de sangue é o que contribui para a sobrevivência e para o sucesso reprodutivo das criaturas que têm coração.)

Outros filósofos discordam. Eles acreditam que a distinção entre saúde e doença está em certos julgamentos de valor, e não inteiramente em fatos biológicos. Esses julgamentos são reflexos das condições sobre as quais a sociedade considera apropriado consultar um médico, ou das condições que as pessoas consideram indesejáveis. Novamente, o fato de a depressão ser comum de maneira alguma entra em conflito com o fato de ela ser considerada indesejável.

É claro que se deve acreditar que julgamentos de valor inevitavelmente desempenham um papel na distinção entre saúde e doença, e também sustentar que a distinção entre saúde e doença não está meramente "nos olhos de quem vê": certos julgamentos de valor são objetivamente corretos e outros são objetivamente errados. Na Carolina do Sul, por exemplo, antes da guerra civil norte-americana, diagnosticaram que escravos fugitivos tinham uma doença ("drapetomania") que os levava a fugir. Hoje consideramos essa classificação de escravos fugitivos bastante imprecisa e nossos atuais julgamentos de valor têm tudo a ver com o porquê disso. A escravidão como algo moralmente errado e o intenso desejo do escravo de fugir de sua difícil condição como uma reação perfeitamente compreensível podem estar entre nossos julgamentos de valor. Mas estes não são *meros* julgamentos de valor. Acreditamos profundamente que esses julgamentos são objetivamente corretos, e não apenas uma questão de gosto.

Qualquer que seja a maneira como a saúde e a doença são caracterizadas, o fato de uma em cada cinco pessoas ter depressão não entra em conflito com a idéia de que a depressão é uma doença. Afinal de contas, muitas pessoas têm cárie nos dentes mas as cáries continuam sendo uma doença e não exemplos de boa saúde. Lembre-se de que "depressão" no sentido médico é diferente de se sentir triste. Se existe "uma boa razão" para alguém se sentir triste, então isto provavelmente não é depressão no sentido médico.

?

P

"Deveríamos perder nossa fé em Deus devido a acontecimentos como o furacão Katrina?"

R

LOUISE ANTONY: Sua pergunta é uma versão de um desafio filosófico ao teísmo conhecido como "O Problema do Mal": como um ser todo-poderoso e perfeitamente bom poderia permitir que o sofrimento ocorra? Se Deus não pode impedi-lo, então Ele não pode ser todo-poderoso; se Deus pode impedi-lo, mas prefere não fazer isso, então Deus não pode ser de todo bom.

Essa objeção na verdade tem duas formas. Uma forma é estritamente lógica: ela desafia o fiel a mostrar como a existência de um ser todo-poderoso, que sabe tudo e que é completamente benevolente não é incompatível com a existência de sofrimento em nosso mundo. O desafio nesta forma pode ser vencido facilmente: basta negar que o sofrimento seja uma coisa ruim. Isto pode ser feito de várias maneiras: pode-se argumentar, por exemplo, que nós só consideramos o sofrimento tão ruim porque não conseguimos entender o objetivo maior de Deus ao permitir o sofrimento – talvez o sofrimento seja, na verdade, bom porque leva a uma sabedoria maior do que a que teríamos se as coisas fossem de outro jeito. Ou pode-se argumentar que "sofrimento" é apenas uma noção relativa e que se houver qualquer variação na quantidade de prazer que sentimos, sempre consideraremos que uma quantidade menor é "sofrimento". Acho que nenhuma das duas respostas é muito adequada, mas elas são suficientes para mostrar que nada há de incoerente em acreditar em Deus e ao mesmo tempo reconhecer a existência de (o que comumente consideramos) sofrimento.

A segunda forma do problema do mal é muito diferente. Nesta versão, o desafio está na racionalidade, e não na mera coerência da crença num ser todo-poderoso, que tudo sabe e que é totalmente benevolente, considerando a existência de sofrimento. A pergunta aqui é esta: se examinássemos as provas objetiva e imparcialmente, chegaríamos à conclusão de que o universo foi criado por esse ser perfeitamente bom e onipotente ou chegaríamos a uma conclusão diferente? Uma conclusão como: o universo foi criado por um ser completamente benevolente que tinha conhecimento limitado, ou poder limitado, ou as duas coisas? Ou foi criado por um ser que era completamente indiferente aos nossos sentimentos? Ou não foi criado de acordo com um plano intencional, mas simplesmente "aconteceu"? Pensando dessa maneira, o problema do mal é um desafio para um fiel, o qual deve mostrar que as provas e as razões sustentam a crença num Deus judaico-cristão, e a sustentam acima das hipóteses apresentadas por crenças concorrentes.

Vale a pena observar nessa associação que o argumento para a existência de Deus que tem o maior apoio popular – o argumento do "desígnio inteligente" – só consegue mostrar que o Criador é inteligente o suficiente e poderoso o suficiente para ter feito o universo. Esse argumento sequer se propõe a mostrar que o Criador é moralmente bom.

Minha opinião é de que não há prova alguma, qualquer que seja o planejador do nosso universo (se é que houve algum), de que ele/ela estava minimamente preocupado com o bem-estar dos seres vivos que estava criando, e há uma montanha de provas de que ele/ela poderia não dar a mínima.

Uma observação final: fiéis freqüentemente gostam de optar pelo que lhes for mais conveniente. Uma pessoa agradecerá a Deus por poupá-lo, mas dirá que não é culpa de Deus que a casa de seu vizinho tenha ruído. Mas isso não faz sentido. Se Deus realmente interveio para salvar a casa da primeira pessoa, então Ele deveria ter vergonha de não ter feito a mesma coisa pela segunda pessoa. E se o motivo para Ele não ter salvo a casa da segunda pessoa é que deixar o pobre coitado sem casa era parte de algum plano divino insondável, então a primeira pessoa também não deveria encarar as coisas de modo pessoal. A única saída que eu consigo ver para esse dilema é dizer que cada pessoa mereceu o que teve – isto é, coisas ruins não acontecem com pessoas boas. Se alguém diz isso, é porque, na minha opinião, deixou de conviver com pessoas decentes.

?

P

"Deus poderia fazer uma pedra tão pesada que Ele próprio não conseguisse levantar? Se assim fosse, então Ele não é todo-poderoso. Mas se não pudesse fazer essa pedra, então também teremos que Ele não é todo-poderoso. De um jeito ou de outro, existe alguma coisa que Deus não consegue fazer. Então, parece que Deus (ou qualquer coisa neste sentido) não pode ser onipotente."

R

RICHARD HECK: Esta é uma versão de um velho problema, discutido incansavelmente por teólogos. Em sua forma mais simples, é o seguinte: Deus pode fazer uma pedra que é ao mesmo tempo grande e não grande? Obviamente não. Então Deus não é onipotente.

A resposta mais popular a essa pergunta – dada por São Tomás de Aquino – é a de que temos que ser mais cuidadosos com a maneira como compreendemos a onipotência. Ser onipotente não significa ser capaz de fazer absolutamente qualquer coisa: é ser capaz de fazer qualquer coisa *que possa ser feita*. Deus poderia fazer uma pedra ao mesmo tempo grande e não grande? Não, mas a incapacidade de Deus de fazer isso não ameaça Sua onipotência, uma vez que uma pedra que seja simultaneamente grande e não grande simplesmente não pode existir. Da mesma forma, se Deus é onipotente, então simplesmente não é possível que haja uma pedra tão grande que ele não possa erguê-la. Então não é limite para o poder de Deus o fato de ele não poder criar uma pedra tão grande que ele não possa levantá-la.

Vale a pena mencionar também que alguns filósofos – René Descartes, por exemplo – sustentam que Deus poderia fazer uma pedra ao mesmo tempo grande e não grande! De acordo com sua visão, o poder de Deus é ilimitado, a ponto de Deus não estar preso às leis da lógica. Pode ser impossível, para nós, entender como isto acontece, mas é por isso que nossas mentes são finitas, enquanto a do Criador é infinita.

?

P

“A fé em uma coisa intangível é no fim das contas ilusória?”

R

ALEXANDER GEORGE: Esta é outra maneira de perguntar se a crença na existência de Deus tem que ser irracional à luz da intangibilidade de Deus? Se é, eu responderia: não. Há muitas coisas nas quais eu não consigo tocar e cuja existência é razoável, para mim, acreditar. Eu acredito na existência de Marte, por exemplo, mas eu jamais pisarei no planeta.

Você pode pensar que este é um exemplo ruim porque, embora eu realmente não possa pisar em Marte, em princípio eu poderia fazê-lo: teoricamente, eu poderia construir uma nave espacial para me levar a Marte. Deus, por outro lado, parece ser uma coisa que eu não poderia nem em princípio tocar: de acordo com muitas pessoas, Deus simplesmente não está em lugar algum do universo físico.

Mas nós não acreditamos na existência de coisas intangíveis mesmo neste forte sentido de “intangível”? A maioria de nós acredita que a Linha do Equador existe, por exemplo, mas ela não é tangível: eu não posso viajar para a Linha do Equador. A maioria de nós acha que números, como o número 8, existem, embora eles não estejam localizados no reino físico: eles não podem ser tocados nem vistos, por exemplo. Então, se alguém é irracional por acreditar na existência de Deus, não é pelo fato de Deus ser algo intangível.

Mas talvez o que você queira perguntar seja se é irracional acreditar na existência de um Deus intangível *com base na falta de provas*. Se uma pessoa acha que a resposta para essa pergunta é 'Sim', então novamente a intangibilidade de Deus parece irrelevante: essa pessoa sustentaria da mesma forma que não é racional acreditar na existência de um objeto *tangível* se ela não tiver prova alguma disso. Se existe alguma coisa não racional aqui, sua origem é nossa falta de provas, e não a intangibilidade do ser que se acredita que existe.

?

P

"Considerando que não há provas nem de uma coisa nem de outra, não é mais válido dizer 'Deus existe' do que dizer 'Deus não existe'? Ou a única afirmação válida é 'Não sei se Deus existe'?"

R

LOUISE ANTONY: Há uma idéia típica e equivocada que se faz sobre o conceito de "prova": se uma afirmação não pode ser "provada", então é igualmente racional acreditar nela ou em sua negação. Se "prova" significa "estabelecer com certeza lógica a partir de princípios evidentes", então nada além de matemática, lógica e semântica pode ser provado. (Até mesmo a questão de se alguma coisa *dentro* da matemática, da lógica e da semântica pode ser provada é controversa.) Portanto, a categoria de afirmações que não podem ser *provadas* é muito, muito grande e inclui todas as seguintes: "Papai Noel não existe", "Cachorros são animais", "Washington é a capital dos Estados Unidos" e "O sal é solúvel na água". Mas certamente você acredita em todas essas coisas e consideraria tola qualquer pessoa que se recusasse a julgar essa afirmações apenas por não ser possível *prová-las*.

Portanto, a verdadeira questão, para qualquer proposição, é quais são os argumentos. Certamente há muitos argumentos a favor da existência de Deus e muitos outros contra, a maioria dos quais é bastante acessível a qualquer pessoa que pensa (diferentemente das considerações a favor e contra, digamos, a teoria das cordas na física, que só pode ser avaliada por especialistas). Considerando isso, só seria razoável concluir que não se pode saber se Deus existe se todos os argumentos fossem muito fracos (de modo que você não tenha motivo algum para acreditar ou não), ou se eles fossem igualmente fortes (de modo que você tenha motivos para ir em duas direções contraditórias). Eu acho que não há nenhum *bom* argumento para acreditar em Deus e que há um argumento extremamente convincente *contra* essa crença – o argumento do mal.

Pessoas que eu conheço que dizem ser "agnósticas" me dão a sensação de que acham que estão sendo mais comedidas, ou menos dogmáticas, do que teístas ou ateístas. Talvez elas achem que estão se precavendo. De qualquer modo, eu sou o tipo de ateísta que acha que Deus respeita mais as pessoas que baseiam suas crenças nas provas.

?

P

"Se, no fim das contas, não se pode saber qual é a vontade de Deus, então como podemos saber o que é moralmente certo?"

R

DAVID BRINK: Ivan Karamazov, personagem de Dostoievski, supostamente acredita que se Deus está morto, então tudo é permitido. É claro que a permissão é por si própria um tipo de status moral. Portanto, compreendida de forma literal, essa máxima diz que o ateísmo tem um código moral bastante permissivo e, por conseguinte, revisionista. Uma visão mais comum é a de que não poderia haver qualquer código moral objetivo sem a vontade de Deus. Isto supõe que não poderia haver qualquer exigência moral objetiva sem o comando divino. Esta suposição explicaria a freqüente procura por estudiosos de religião e membros do clérigo como autoridades em questões de significado moral. Explicaria também por que, apesar da tradição democrática liberal da separação entre Igreja e Estado, muitas pessoas, inclusive membros do judiciário dos Estados Unidos, afirmam às vezes que os direitos constitucionais estão condicionados pelo comando divino. Essas pessoas supõem que a moralidade requer um fundamento religioso e negam a *autonomia* da ética.

Mas há bons motivos para negar a suposição de que a moralidade requer um fundamento religioso e declarar a autonomia da ética. Não é só o fato de o ateísmo e o agnosticismo não excluírem o reconhecimento de exigências morais. Mesmo os teístas têm motivos para achar que a moralidade independe da religião. Muito tempo atrás, Sócrates perguntou se uma coisa estava certa porque Deus a comandava ou se Deus a comandava porque ela estava certa (a famosa pergunta feita no diálogo *Eutífron*, de Platão). Sócrates considerou que a vontade de Deus não poderia tornar uma coisa valiosa, porque isso tornaria tanto o valor quanto as preferências de Deus contingentes e arbitrários. Em vez disso, concluiu Sócrates, o teísta deveria dizer que Deus comanda o que faz porque ele próprio é bom. De acordo com essa visão, os comandos de Deus têm princípios e buscam o que é valioso de forma independente. Isto também explica por que os teístas freqüentemente se sentem compelidos a resolver os debates sobre o que Deus deseja e sobre como podemos determinar sua vontade, apelando a nossas idéias morais sobre o que um Deus moralmente bom poderia querer. Fazendo isso, eles explicam a vontade de Deus pelo apelo à moralidade, e não a moralidade pelo apelo à vontade de Deus. Se for assim, pode-se verificar como a religião pode pressupor a moralidade; é mais difícil verificar como a moralidade pressupõe a religião.

Isto é reconhecer a autonomia da ética. Mas a autonomia da ética implica que não deveria haver qualquer enigma profundo sobre como poderia haver uma moralidade objetiva sem Deus, porque versões plausíveis do teísmo precisam reconhecer uma moralidade objetiva – quer dizer, independente da vontade de Deus.

A autonomia da ética significa, porém, que as exigências morais não dependem da vontade de Deus. Portanto, não precisamos causar perplexidade moral tentando determinar a vontade de Deus. Como, então, deveríamos raciocinar moralmente? Aqui, como em todo lugar, faz sentido começar, pelo menos provisoriamente, com aquilo em que mais confiamos. Poderíamos começar com regras amplamente compartilhadas sobre não-maleficência, beneficência, honestidade, fidelidade e justiça. Poderíamos então tentar rever e estender essas regras a princípios. A idéia seria tratar essas regras morais comuns da forma como juízes, advogados e outros intérpretes tratam decisões da lei pública. Procuramos princípios que expliquem padrões em nossas atuais decisões e regras. É possível que nem todas as matérias existentes se encaixem num padrão coerente. Se este é o caso, os princípios que incluem e explicam a maioria das decisões e regras podem exigir que vejamos algumas delas como equivocadas. Além do mais, parte da aceitação de um princípio é aderir a ele em situações novas. Portanto, testamos princípios antagônicos não apenas pelo quanto eles acomodam bem regras e decisões existentes, mas também pelo quanto eles se projetam plausivelmente para casos novos e complicados. Nesse modo de lei pública, podemos usar o raciocínio analógico a partir de regras morais comuns para interpretar, rever e estender a orientação que essas mesmas regras fornecem. Foi, por exemplo, presumivelmente alguma coisa como esse tipo de raciocínio analógico – fora do mundo provinciano – que levou à progressiva extensão da preocupação de igualdade e respeito pelas mulheres, por outras raças, outras religiões etc.

Esteja ou não Deus morto (exista ou não), a autonomia da ética implica que podemos e devemos dar o melhor de nós para identificar e obedecer a princípios morais que fornecem esse tipo de orientação aceitável.

?

P

"Muita gente diz que acredita em Deus porque do contrário não haveria nada que tivesse feito o universo: 'Tem que ter vindo de algum lugar!' dizem. Mas se é nisso que você baseia suas crenças, então você não gostaria de saber quem fez Deus? E quem fez o ser que fez Deus?"

R

ALEXANDER GEORGE: Você fez uma observação importante: explicar por que X existe postulando a existência de Y não leva uma pessoa longe se as mesmas perguntas que ela tinha sobre a existência de X podem ser feitas em relação a Y.

Filósofos gostam de contar a história do sábio ao qual perguntaram por que a Terra não caía de sua posição no céu. Ele disse: "Porque ela está apoiada sobre o casco de uma tartaruga gigante." O questionador ficou um pouco intrigado e perguntou ao sábio o que impedia a tartaruga gigante de cair de sua posição no céu. O sábio respondeu: "Ela está apoiada sobre outra tartaruga gigante." O questionador continuou intrigado e perguntou o que impedia a segunda tartaruga de cair de sua posição no céu. "Ah", disse o sábio, "há tartarugas até lá embaixo!" Obviamente, 'tartarugas até lá embaixo' não parece ser algo aceitável.

É claro que o sábio poderia, em vez disso, ter respondido: "A primeira tartaruga gigante não precisava de apoio!" Mas se essa tartaruga não precisava de apoio, então por que não dizer apenas que a Terra também não precisa?

R

SEAN GREENBERG: Uma versão da história do sábio é apresentada por John Locke no Livro II de seu grande *Ensaio Sobre o Entendimento Humano*, para mostrar por que o conceito de substância não faz sentido algum. O objetivo de Locke, ao recontar a história, é atacar a idéia de que há uma distinção entre substância e seu atributos ou propriedades. Seu argumento é de que se você remove as propriedades de uma coisa, a coisa deixar de existir. Pode-se verificar este argumento fazendo o seguinte exercício de imaginação. (O termo filosófico para esse tipo de exercício é "experiência pensada".) Imagine uma bola vermelha. Agora imagine uma bola vermelha que não seja vermelha nem redonda. O que você está imaginando? Nada. Locke alega que a noção de substância, sendo distinta de propriedades, não tem mais conteúdo do que a imaginação de uma bola vermelha que não é nem vermelha nem redonda. Ele diz que essa noção é a noção de "alguma coisa, não sei o quê".

A maioria dos teístas não aplica essas considerações a Deus, porque Deus é uma *causa sui*, uma causa de sua própria existência. Neste sentido, Deus se distingue de todos o seres finitos.

Surge, porém, a seguinte pergunta: por que deveríamos acreditar que Deus é a única *causa sui*? Bem, imagine que algum outro ser é a causa da existência de Deus. Então esse outro ser seria mais poderoso que Deus. Mas isto não pode ser: Deus é o mais poderoso de todos os seres. Por conseguinte, nenhum outro ser poderia ser a causa da existência de Deus. Se Deus existe, então Ele tem que ser a causa de Sua própria existência.

?

P

“É possível endeusar qualquer coisa, como, por exemplo, um pingüim? Se é, quais são as qualidades ou propriedades que tornariam o objeto passível de endeusamento?”

R

SEAN GREENBERG: No capítulo XII de sua obra-prima *Leviatã*, Hobbes diz que "não há quase nada que tenha um nome que não tenha sido venerado (...) em um lugar ou outro, como um deus ou um demônio (...) Homens, mulheres, um pássaro, um crocodilo, um bezerro, um cachorro, uma cobra, uma cebola [foram] deificados". Embora a primeira vez que se viu e se documentou um pingüim tenha sido na expedição de Vasco da Gama ao longo da costa sul da África, em 1497, Hobbes não menciona pingüins no *Leviatã*. Entretanto, não há motivo algum para os pingüins serem candidatos menos adequados ao endeusamento do que pássaros, bezerros ou cebolas. Certamente é possível endeusar um pingüim; considerando que existe a palavra "pingüim", Hobbes provavelmente diria que os pingüins foram endeusados em algum lugar nessa altura do campeonato.

De acordo com Hobbes, o endeusamento de homens, mulheres, pássaros, crocodilos, bezerros etc., deve-se à ignorância humana em relação à natureza de Deus. Conseqüentemente, Hobbes – e a maioria dos cristãos – diria que não há justificativa para endeusar qualquer desses seres, inclusive os pingüins, porque só um ser com todos os atributos do Deus cristão (onipresença, onipotência etc.) é venerado justamente, mas nenhum ser finito tem esses atributos e por conseqüência nenhum ser finito deve ser venerado. De fato, nenhuma religião monoteísta permitiria que pingüins fossem endeusados. Só numa religião politeísta seria apropriado endeusar e venerar um pingüim. (Eu não sei, entretanto, de nenhuma religião em que apareçam pingüins.)

?

P

“Por que os seres humanos sempre dão mais valor a bens materiais (como ouro e diamantes) do que à vida?”

R

NICHOLAS D. SMITH: Acho que a maioria dos filósofos (se não todos) concordaria que valorizar bens materiais ainda mais do que a própria vida é um erro ético muito sério e, no fim das contas, autodestrutivo. Isto seria, simplesmente, conferir mais valor ao que é na verdade muito menos valioso. Mas pode ser que haja um outro erro aqui. Se acreditamos que a vida tem um valor *intrínseco* (como pensam muitos filósofos, mas não todos), então valorizar a riqueza material mais do que a vida é trocar uma coisa que tem *apenas* valor como instrumento – isto é, valor apenas para buscar ou adquirir alguma *outra* coisa valiosa – por uma coisa *intrinsecamente valiosa* (quer dizer, valiosa por si só, e não apenas para tentar obter outra coisa).

Em geral, concorda-se que a riqueza material é valiosa *apenas* como instrumento. Pense: se alguém fosse lhe dar um milhão de dólares, mas com a condição de que você (e seus herdeiros) não gastasse *nunca* esse dinheiro, que *valor* real teria o dinheiro (para você ou para qualquer outra pessoa)? O valor do dinheiro *é apenas* o que ele permite a você fazer ou comprar – *é apenas* o seu valor como instrumento para obter outras coisas. Você poderia pensar, porém, que apenas estar vivo é algo valioso (considere a alternativa!).

É possível, certamente, haver outros valores intrínsecos que poderiam entrar em conflito com o valor da vida em si. Damos valor ao fato de não sentirmos dor ou sofrer, por exemplo, a ponto de um sofrimento constante poder nos levar a concluir que já não vale a pena continuar a viver. Mas esses casos não demonstram que a vida não é intrinsecamente valiosa, apenas que pode haver considerações que talvez depreciem o seu valor.

Alguns filósofos dizem, porém, que a vida não é intrinsecamente valiosa; que ela só pode se tornar valiosa se for vivida de certas maneiras. Sócrates tem uma frase famosa que diz que "a vida que não passamos em revista não vale a pena viver" (em *Apologia*, de Platão). Ela parece sugerir que ele não achava que a vida fosse intrinsecamente valiosa, mas que obtinha valor quando era ou se tornava uma vida "revista" (em que a investigação fosse uma característica significativa, é o que ele queria dizer, eu acho).

De qualquer modo, é em geral tolo e contraproducente viver como se algo que tem apenas valor como instrumento fosse na verdade intrinsecamente valioso, ou conferisse valor à vida pelo simples fato de ser adquirido. Imagine pensar que a vida pudesse claramente se tornar mais rica com a aquisição de todas as ferramentas conhecidas pela humanidade por uma pessoa que não tem a menor idéia de como *usar* essas ferramentas! Se pudéssemos compreender o que é realmente valioso (isto é, intrinsecamente valioso), talvez pudéssemos saber como dar um bom uso ao dinheiro!

?

P

“Se ninguém me amar durante a minha vida – se eu não tiver sequer um relacionamento – eu não terei tido uma vida boa? O amor é tão importante assim para a vida, ou é algo no qual você pode escolher se envolver se quiser?”

R

JYL GENTZLER: A resposta para essa pergunta depende daquilo que torna uma vida boa. É claro que muitos filósofos têm apresentado sugestões que ajudam, mas todas essas sugestões, até onde eu posso dizer, são simplesmente variações de teorias articuladas há muito tempo pelos gregos antigos.

Uma concepção popular atualmente sobre a vida boa, o hedonismo, é defendida pelo personagem Sócrates no diálogo *Protágoras*, de Platão. Consideramos que uma pessoa teve uma vida boa se durante a vida ela teve uma quantidade de prazer suficiente que não foi superada pelas experiências de dor. De acordo com essa visão, os relacionamentos não são valiosos por si próprios. Se eles contribuem para o bem de sua vida, isso depende de você ser um tipo de pessoa que tem prazer em relacionamentos ou de estar constantemente tomado pela ansiedade e pelo medo de rejeição. Depende também de sua sorte e habilidade nos relacionamentos. Algumas pessoas são sem dúvida mais agradáveis do que outras, e muitas vezes é muito doloroso quando bons relacionamentos (e até mesmo relacionamentos não tão bons) acabam.

E, finalmente, se os relacionamentos contribuem para o bem de sua vida, isso depende das outras opções disponíveis a você, as quais podem lhe proporcionar mais prazer e menos dor ao longo de sua vida.

Eu mesmo não sou convencido pela idéia do hedonismo. Imagine que eu acredite que sou muito admirado e profundamente amado por meus amigos e minha família e que essa crença me dê profundos sentimentos de contentamento e satisfação. Mas imagine também que estou completamente iludido: sou ridicularizado pelas minhas costas e secretamente desprezado por meus amigos e minha família, que esperam receber de mim uma grande herança. Suponha ainda que eu não suspeito de nada. Eu pensaria que, qualquer que seja o prazer que eu tenha em minha ilusão, eu não estaria vivendo uma vida boa. Talvez esse julgamento se deva ao fato de eu me importar com muito mais do que a qualidade subjetiva de meus estados mentais subjetivos – se eles são dolorosos ou prazerosos. Eu me importo, por exemplo, com o bem-estar de meus filhos, com minha percepção da realidade e com minha posição na comunidade. Se meus filhos não vão bem, se estou seriamente iludido e se secretamente sou desprezado, então (esteja eu consciente ou não desses fatos, e tendo ou não estresse mental devido a minha situação) não estou tendo uma vida boa para mim.

Esses tipos de considerações têm levado alguns filósofos a concluir que uma vida boa não é uma questão de equilíbrio positivo do prazer sobre a dor, mas uma questão de desejo-satisfação. Mesmo que eu não seja consciente do fato de meus desejos não estarem sendo satisfeitos, na medida em que eles não estão sendo satisfeitos, eu estou pior; e na medida em que eles estão sendo satisfeitos, eu estou melhor. (Platão explora esse conceito de vida boa em seu *Górgias*.) De acordo com esse conceito de vida boa, se os relacionamentos são importantes para a sua vida, isso depende de você desejar um relacionamento e também de um relacionamento ajudá-lo a satisfazer seus desejos ou, em vez disso, frustrá-los. Talvez você não tenha qualquer desejo profundo de ter um relacionamento com Mary, mas Mary é bem relacionada e se você enganá-la, fazendo-a crer que você se importa com ela, ela fará o que você exigir dela para satisfazer seu profundo desejo de status e poder. Nessas circunstâncias, de acordo com o entendimento desejo-satisfação da vida boa, ter uma vida boa pode também exigir que você engane e explore Mary dessa maneira.

Entretanto, outras pessoas acreditam que eu não conseguiria viver uma vida boa mesmo que estivesse tendo muito prazer e até mesmo se meus desejos fossem satisfeitos. A visão desse tipo mais famosa é aquela que Aristóteles endossou em sua *Ética a Nicômano*. Se eu reduzisse meus desejos aos de um animal do campo (por exemplo, uma vaca), observa Aristóteles, então poderia ser o caso de todos os meus desejos serem satisfeitos e de eu ter bastante prazer e nenhuma dor. Entretanto, ninguém me consideraria uma pessoa feliz. Eu seria olhado não com inveja, mas com pena. Aristóteles acreditava que para ser considerado um felizardo, eu (um ser humano) preciso viver uma vida adequada para um ser humano. Uma vida que não envolva amizades não seria uma vida adequada para um ser humano. Além disso, segundo a visão de Aristóteles, relacionamentos como aquele que eu imaginei ter com Mary não contribuem para uma vida boa. Amigos verdadeiros preocupam-se com seus amigos, pelo próprio bem de seus amigos, e você (eu estou imaginando) está tratando Mary não como uma amiga, mas como uma ferramenta. Um ser humano tratar outro ser humano dessa maneira é abominável, depreciando, portanto, o que seria o melhor tipo de vida para um ser humano.

Ainda de acordo com a visão de Aristóteles, para determinar se Bob está tendo uma vida boa, precisamos primeiramente determinar que tipo de criatura é Bob — se ele é um ser humano, um cachorro ou um carvalho. Em seguida, avaliamos a qualidade de sua vida comparando-a a padrões de prosperidade da espécie. Nossa visão, por exemplo, do que seria uma vida boa para um cachorro é informada por nossa visão sobre a natureza dos cachorros. Tendemos a achar que um cachorro que vive preso não tem uma vida boa para um cachorro, mesmo se imaginarmos que ele recebe remédios para não se sentir insatisfeito ou frustrado. Achamos que uma vida boa para um cachorro seria uma vida em que ele tivesse companhia, corresse, latisse diante de barulhos ameaçadores e pessoas estranhas, e por aí em diante. Porque um cachorro preso num canil, que toma remédios e não tem a oportunidade de realizar atividades caninas, não está funcionando como um cachorro num nível elevado e, conseqüentemente, não está levando uma vida boa para um cachorro. Se Bob é um cachorro, diria Aristóteles, então consideraríamos sua vida boa para ele apenas se teve oportunidades de viver muitas experiências caninas e desempenhou bem o papel de um cachorro. Se Bob é um ser humano, entretanto, não consideraríamos sua vida boa se ele passou a vida correndo com outros cachorros e latindo diante de barulhos ameaçadores e pessoas estranhas, não importando o quanto ele tenha realizado bem essas atividades. Tem algo errado com Bob, pensaríamos; e mesmo que ele esteja contente com sua vida canina, ele não está tendo uma vida boa, já que ele é um ser humano.

Contudo, precisamos considerar se Aristóteles está certo ao avaliar a qualidade de vida de uma pessoa comparando-a a um padrão da espécie. No fim das contas, eu acho, se uma coisa é considerada boa por *mim*, isso depende apenas dos fatos sobre *mim*, e não dos fatos sobre outros organismos que aconteceram de estar agrupados comigo por propósitos de explicações biológicas. Embora concorde com Aristóteles que, para saber como seria uma vida boa para mim, eu preciso primeiro compreender que tipo de criatura eu sou, e embora concorde que, sendo um ser humano, minha natureza será muito semelhante à natureza de outros seres humanos, eu não concordo que a qualidade de minha vida deva ser avaliada em termos de sua conformidade com a idéia de uma vida boa para a maioria dos seres humanos normais. Eu posso ser bastante incomum por ser, por natureza, incapaz de ter afeição por outros seres humanos ou de apreciar a sua companhia. Certamente, se eu fosse esse tipo anormal, a vida numa sociedade humana seria difícil, já que outras pessoas teriam expectativas para mim que seriam equivocadas. E, sem dúvida, geralmente é verdade que, para seres humanos, seria mais fácil ter uma vida boa se você fosse normal nesse aspecto. Entretanto, não se depreende do fato das dificuldades práticas dessa anormalidade que minha vida seria melhor se eu me envolvesse em relacionamentos afetivos. Se minha natureza é idiossincrática dessa maneira que descrevi, então relacionamentos afetivos simplesmente não fariam parte, para mim, dos elementos que constituiriam uma vida boa, podendo eu ter uma vida perfeitamente boa sem eles.

?

P

"O valor da vida de um indivíduo diminui à medida que sua idade avança? A maioria das pessoas não escolheria salvar alguém de 2 anos em vez de um outro de 60? Existe alguma justificativa para isso?"

R

NICHOLAS D. SMITH: Sendo alguém com quase 60 anos, imagino que minha primeira reação é dizer que certamente eu *não* acho que minha vida tenha menos valor do que a vida de uma criança de 2 anos. Nem acho que o valor de uma vida humana pode ser medido em termos de quantos anos (a mais) a pessoa viverá.

As respostas para esse tipo de pergunta vão variar de acordo com o estilo de teoria moral aplicado a elas. Numa visão *conseqüencialista*, uma vida humana terá seu valor de acordo com o balanço geral entre benefícios e danos que se originarem dela: pessoas que fazem coisas boas terão realmente vidas valiosas, e aquelas que não fazem, não terão... e pessoas que fazem coisas realmente ruins terão vidas com valor negativo. Segundo essa visão, um criminoso de 20 anos teria uma vida que vale muito menos do que a de Madre Teresa, mesmo quando ela era muito idosa. Segundo outros pontos de vista, todas as vidas humanas têm o mesmo valor. Assim, de acordo com o imperativo categórico de Kant, devemos tratar *todas* as pessoas como se elas fossem apenas fins, e não meios para fins. Não parece que a idade de uma pessoa seria um fator nesse modo de avaliar as coisas. Na teoria da virtude, o valor da vida de uma pessoa depende das qualidades de seu caráter. Portanto, novamente, de acordo com essa visão, uma pessoa boa (de qualquer idade) teria uma vida mais valiosa do que uma pessoa ruim (de qualquer idade).

De qualquer modo, estou inclinado a achar que os valores relativos das vidas humanas (se é que há valores diferentes para vidas humanas diferentes) não serão determinados somente pela idade. Mas talvez eu diga isso simplesmente porque... bem... os anos estão passando para mim!

?

P

"Se todas as vidas terminam em morte, então como a vida pode ter algum valor?"

R

PETER LIPTON: O valor da vida advém do que você faz em sua vida: suas atividades e conquistas. Estas são reais, embora você morra, e não seriam mais reais se você vivesse para sempre (ainda que, decerto, você tivesse tempo para fazer muito mais coisas).

R

ALEXANDER GEORGE: Kant falou daqueles que "temem a morte sem amar a vida e que, apesar das dificuldades para obter o mínimo de contentamento em cada dia de sua existência, nunca têm dias suficientes para novamente se atormentar". O mesmo se pode dizer sobre o valor. Se sua vida não tem objetivo algum, então viver muito mais não vai melhorar a situação. Uma grande quantidade de nada não conta muito.

R

PETER S. FOSL: Esta é uma pergunta instigante. Recentemente, um aluno meu levantou uma pergunta semelhante durante uma discussão que tivemos sobre a situação para a qual o universo parece estar se dirigindo. Aparentemente, dizem, tudo no universo acabará por se degenerar num campo de baixo nível de radiação vasto, interminável, mais ou menos uniforme, terrivelmente frio e escuro. Alguns chamam essa situação – o destino final do universo – de "inferno entrópico".

À luz desse fato aparente, a pergunta relevante sobre o valor da vida é esta: como tudo que realizamos acabará sendo destruído e se degenerando num "inferno entrópico", que valor pode ter qualquer coisa?

Acho, entretanto, que há algo equivocado nessa pergunta, algo que está à espreita numa suposição escondida que a pergunta faz. A pergunta e sua força estão em grande parte na suposição de que a vida tem valor apenas se ela dura para sempre. Na minha opinião, esta é um suposição dúbia, e na verdade uma suposição que atormenta bastante a idéia que nossa cultura faz sobre o valor.

Longe de ser uma condição necessária para o valor, a imortalidade – a existência interminável – na verdade minaria o valor da vida.

Considere a questão da seguinte maneira: a vida seria tão valiosa, ou até mesmo teria algum valor, se não fosse finita? Quer dizer, se vivêssemos para sempre, muita coisa, ou alguma coisa, importaria para nós? Talvez evitar a dor física ainda importasse, mas simplesmente não sentir dor parece ser um assunto relativamente sem sentido. Você não diria que muitos de nossos projetos têm valor para nós porque sabemos que um dia nós e eles chegaremos ao fim?

A fragilidade própria das coisas nos dá motivo para nos preocuparmos com o que acontece com elas, para defendê-las e a nós mesmos de danos ou do declínio. Quando você pode simplesmente começar de novo, ou quando você sempre tem um substituto, as coisas não importam realmente. Por estas serem finitas, e como sabemos que vamos morrer, nossas ações contam. Devemos fazer as coisas da maneira certa porque não vamos ter outra chance.

P

"Qual é o sentido da vida? Se uma pessoa acredita em evolução, não há resposta alguma para essa pergunta? É preciso acreditar em 'desígnio inteligente' para ser capaz de responder a isso?"

R

RICHARD HECK: "Qual é o sentido da vida?" A pergunta é quase uma piada, não é? Mas é provável que não haja pergunta alguma mais fortemente identificada com a filosofia do que esta. Nem por um momento eu pretenderia ser capaz de respondê-la. Felizmente, entretanto, a pergunta aqui não é qual é o sentido da vida, mas simplesmente se a vida pode ter um sentido na ausência de alguma inteligência por trás da criação da vida, do universo e de tudo.

Mas antes que possamos abordar essa pergunta, precisamos abordar a questão sobre o que "o sentido da vida" significa. É uma frase estranha. As palavras têm sentido; a arte tem sentido – mas e a vida? O que afinal uma pessoa quer saber quando pergunta qual é o sentido da vida? Eu entendo que a pergunta deve ser qual é o propósito ou o objetivo da vida. Se é isso, porém, esta é uma maneira estranha de fazer a pergunta. Por que pensar que a vida, como tal, tem algum objetivo ou propósito uniforme? A vida de uma planta tem o mesmo objetivo que a vida de um animal? A vida de um pingüim tem o mesmo objetivo que a vida de um gnu? Que diferença faria se fosse de uma maneira ou de outra? Ou é apenas a vida humana cujo objetivo ou propósito está em questão? E se é isso, por quê?

Imagino que as pessoas, ao perguntarem qual é "o sentido da vida", queiram entender o que elas devem fazer com suas vidas. A capa do segundo disco da banda norte-americana Killing Joke mostra um jovem olhando para o céu e gritando o título do disco: "Para que Serve Isso...!?" Este é o sentimento por trás da pergunta. Se soubéssemos qual é o sentido da vida, o pensamento seria de que então temos alguma idéia sobre qual é o objetivo da vida, e isso nos daria alguma compreensão sobre o que uma vida bem vivida seria. Então teríamos alguma idéia sobre o que deveríamos fazer.

Portanto há uma pergunta: o que se deve fazer com a vida? Ou, ainda mais simples: como se deve viver?

A vida tem que ter um objetivo, ou um propósito, ou um sentido, para essa pergunta ter uma resposta? Não vejo por quê. Não é óbvio de maneira alguma que é preciso haver algum objetivo que todos devem tentar alcançar para haver uma resposta lógica para a pergunta sobre como devemos viver. Se não é óbvio, porém, então não vejo por que haver uma resposta lógica para a pergunta depende de a vida ter sido criada por alguma inteligência, em vez de ter evoluído. É claro que isto não é dizer que a maneira como alguém pensa que deve viver não dependerá, de maneira alguma, de ele acreditar em Deus ou do tipo de Deus em que ele acredita.

Na verdade, no fim, a verdadeira pergunta aqui parece ser intensamente pessoal. Como devo viver? O que devo fazer com minha vida? Todos nós temos que lutar com essas perguntas, e eu teria pena de qualquer pessoa que não fizesse isso. Mas, se é isso o que a pergunta sobre o sentido da vida propõe no fim das contas, então não tenho certeza se é realmente uma questão que deveria ser fortemente identificada com a filosofia, pelo menos não da maneira como a filosofia tem sido praticada nos últimos séculos. Quando me vejo confuso ou com problemas devido ao modo como estou vivendo, é pouco provável que eu recorra a Kant ou até mesmo a Platão. É muito mais provável que eu recorra à arte, a um livro de ficção, à poesia ou à música. Ou, também, à Bíblia e suas histórias sobre a luta das pessoas contra essas mesmas perguntas.

?

PARTE IV

o que é o homem?

Como, num mundo tão estranho e desumano, pode uma criatura tão incapaz quanto o Homem preservar suas aspirações imaculadas? É um mistério estranho que a Natureza, onipotente mas cega, nas revoluções de sua pressa secular pelos abismos do espaço, tenha gerado por fim um filho, ainda sujeito a seu poder, mas presenteado com visão, com conhecimento sobre o bem e o mal, com a capacidade de avaliar todos os trabalhos de sua Mãe irracional. Apesar da Morte, marca e selo do controle parental, o Homem ainda é livre, durante seus breves anos, para examinar, criticar, conhecer e, na imaginação, criar. Só a ele, no mundo ao qual ele está familiarizado, pertence essa liberdade; e nisto está sua superioridade diante das forças irresistíveis que controlam sua vida externa.

– **BERTRAND RUSSELL,**
"A ADORAÇÃO DO HOMEM LIVRE"

P

“Por que os vegetarianos propõem um conjunto de regras diferentes para os animais não-humanos? Afinal de contas, os seres humanos são animais também. Por que está certo um leão matar e comer um antílope enquanto para um ser humano isto não está certo? Algumas pessoas respondem que 'Não precisamos comer carne', mas por que isso importa?”

R

ALEXANDER GEORGE: Não comer carne importa porque significa que o mal que causamos a animais comendo-os (tirando suas vidas e, em geral, sujeitando-os a um tratamento cruel) é algo que poderíamos evitar. Somos, afinal de contas, responsáveis pelo mal evitável que causamos.

E os animais? Eles estão desculpados por comerem outros animais porque isto está além do controle deles? Isto me soa como uma coisa estranha de se dizer. Os animais não podem ser moralmente responsáveis; porque não são criaturas que podem ser moralmente culpadas pelo que fazem. (O que não significa que *nós* não possamos ser responsabilizados pelo que fazemos a eles.) Então, é estranho falar sobre a existência deles desculpando-os pelo fato de serem, digamos, carnívoros. Animais irracionais simplesmente não precisam ser desculpados: para início de conversa, não são criaturas que podem ser acusadas ou elogiadas.

R

PETER LIPTON: Os animais não são moralmente responsáveis: eles não podem ser moralmente considerados culpados (ou dignos de elogio). O que é mais difícil explicar é por que *nós* não temos a responsabilidade de impedir que os animais firam uns aos outros. Este não é um raciocínio natural, mas talvez tecnicamente tenhamos essa responsabilidade, se pudermos também encontrar uma dieta alternativa para os carnívoros naturais. Mas considerando o terrível tratamento que damos aos animais, talvez devêssemos nos concentrar em cuidar primeiro de nossas próprias questões.

?

P

"Reconheço que Descartes é um dos mais importantes e influentes pensadores dos tempos modernos. Mas então por que ele acreditava que animais não-humanos não são sensíveis, e portanto não podem sofrer ou sentir dor alguma? Como uma pessoa tão brilhante tem esse conceito equivocado de que os animais não-humanos não sofrem? Quando se faz uma vivissecção ou quando se causa um dano violento, a verdade é gritante! Estou chocado."

R

NICHOLAS D. SMITH: O problema que está por trás de sua pergunta é uma versão do que é chamado de "problema de outras mentes". O problema é que só podemos observar o comportamento, e o comportamento por si só pode não ser uma prova decisiva de consciência. A verdade, como você diz, não seria realmente "gritante". Nem mesmo Descartes teria negado que os gatos lutam e fazem barulhos altos quando você começa a cortá-los. Gritar, como você diz, é algo que acontece quando os gatos sofrem uma vivissecção. A pergunta – diante da qual você e Descartes diferem – é se esse grito deve ser entendido como um indicador decisivo de que o gato realmente *sente dor*.

Considere outros seres humanos. Você os vê sofrendo algum ferimento e eles gritam. Você *supõe* que eles estão sentindo dor, e que por isso gritam, porque quando você próprio se fere da mesma maneira, ou de maneira semelhante, você sente dor, e isto faz você gritar. Mas se você pensar nisso, a *única* dor – de fato, a *única consciência de qualquer tipo* que você tem ou terá – é a *sua própria*.

Mas as analogias do tipo que você faz com outro ser humano (ela é como eu, então quando ela grita, é pelo mesmo motivo ou pelos mesmos motivos) são realmente confiáveis? Você gosta de comer fígado? Se gosta, o que você diz de pessoas que *odeiam*? Você é homem? Se é, você realmente acha que as mulheres vivem as coisas *exatamente da mesma maneira* que você? E por aí em diante... Agora, se essas perguntas surgem quando se trata de outros seres humanos, quão mais complexas elas se tornam quando abordam estados conscientes de animais não-humanos, cujas neurologias, morfologias e histórias de evolução são, de muitas maneiras, significativamente parecidas com as nossas? Uma famosa pergunta, feita anos atrás num artigo de Thomas Nagel, é: como é ser um morcego? Resposta honesta: não tenho a menor *idéia*! Bem, então o que o faz ficar tão certo de que sabe como é ser um gato??? É simplesmente inconcebível que um ser (tal como um gato) possa responder a estímulos de maneira muito semelhante à nossa e, ainda assim, não ser consciente? Foi o que Descartes supôs – que o grito do gato foi apenas um comportamento, e não algo relacionado à consciência. Já que a consciência parece não ser algo diretamente observável (exceto na primeira pessoa, como aconteceu), sua prova contra a visão de Descartes não é de forma alguma convincente.

É claro que eu não acho que ele tinha qualquer prova muito boa de que gatos *não* têm consciência, e eu próprio suponho que eles têm (pelo menos meus dois gatos têm... bem, de certo modo). Mas tentei mostrar por que o seu caso contra Descartes não é tão fácil como aparentemente você supunha.

P

“É possível provar que os cães sonham?”

R

GABRIEL SEGAL: A pergunta encaixa-se no que os filósofos chamam de “o problema das outras mentes”. Como geralmente é o caso em filosofia, a expressão “o problema de” na verdade abrange vários problemas inter-relacionados. Mas um aspecto do problema geral pode ser apresentado a grosso modo assim: como é possível saber o que se passa na cabeça de um outro ser, se é que algo se passa?

Filósofos e psicólogos têm abordado essa pergunta de várias maneiras diferentes. Uma abordagem razoavelmente popular diz que podemos descobrir (e, de fato, descobrimos) sobre outras mentes aplicando um certo tipo de teoria psicológica. A teoria considera estados mentais como causas de comportamento e outros fenômenos observáveis. Portanto, se você me vê carregando um guarda-chuva quando eu me dirijo a uma porta, por exemplo, você pode deduzir que eu acho que vai chover, que eu não quero ficar molhado e que eu acredito que ter um guarda-chuva é uma boa maneira de evitar me molhar na chuva. Os meus estados mentais levam a esse comportamento com o guarda-chuva.

De acordo com essa abordagem, sabemos os estados mentais de outras pessoas da mesma maneira que sabemos sobre os elétrons: eles são postulados de boas explicações causais para fenômenos observáveis.

Se isto está certo, então, em geral, não estaremos 100% certos, com provas irrefutáveis sobre o conteúdo de outras mentes. Mas podemos esperar ter crenças bem fundamentadas e teoricamente justificadas sobre elas.

Alinhando-me com essa abordagem teórica, eu diria que já foi razoavelmente confirmado que os cães sonham. Quando dormem, eles exibem vários sinais comportamentais de que estão sonhando: fazem movimentos rápidos, lambem os beiços, abanam o rabo, ganem, rosnam e por aí em diante. Os cães apresentam o movimento rápido dos olhos (REM) quando dormem, o que em seres humanos é fortemente associado a sonhar. E durante o REM, eles exibem atividade cerebral elevada, assim como os seres humanos.

A melhor explicação para isso tudo é que os cães sonham.

?

P

"Se eu pudesse fazer uma cópia perfeita de uma obra de arte famosa, ela seria tão valiosa quanto a original?"

R

MARK CRIMMINS: Uma cópia *perfeita*? Uau! Esta seria uma incrível conquista técnica, exigindo combinações imensamente precisas de composição de material e construção. O produto dessa tarefa ampla e sem precedentes (se fosse possível) provavelmente teria um preço mais elevado do que qualquer obra de arte original.

Mas suponha, como talvez seja a sua intenção, que esse processo se tornasse comum e barato: Ticiano para as massas. Então, obviamente, o original estaria acima das cópias. Por quê? Porque valorizamos obras de arte não apenas por suas características intrínsecas – sua aparência, sua constituição material – mas também por suas características históricas, por serem os objetos sobre os quais os artistas exercitaram sua arte. Por isso as gravuras tendem a ser menos valiosas do que as pinturas de um mesmo artista – elas se aproximam dessa idéia de réplica que você apresenta. Isso faz algum sentido, ou é algo tão sem porquê quanto... catar uma guimba de cigarro da Britney Spears. Não sei bem. Mas não são apenas as obras de arte que geralmente atraem um interesse especial por serem produtos históricos genuínos, e não réplicas. Isto acontece também com fósseis, bem como com o anel que o seu parceiro lhe deu. E ele também deve pensar assim.

Se você mistura um original a uma cópia indistinguível, ambos teriam ou não o mesmo valor, dependendo do ponto de vista. Sob a ótica do mesmo valor, cada um deles tem a mesma chance, considerando o que podemos saber sobre eles, de ser o original e de ser a cópia, de modo que não há fundamento algum para preferir um ao outro. Sob a ótica de valores diferentes, um dos dois certamente obteria um preço mais elevado do que qualquer *outra* réplica, e isto devido ao valor mais elevado dado ao original e à chance de adquiri-lo, em vez de uma réplica.

?

P

“Não existe arte ruim?”

A

MARK CRIMMINS: É claro que existe arte ruim. E para provar isso, eis o meu desenho de um carro feito com ASCII:[9]

```
   __
_/ o\_
=O---O}
```

Você talvez esteja imaginando se o termo “arte” sequer se aplica nesse caso, ou a qualquer coisa que possamos querer chamar de “arte ruim”. Fora isso, não sei exatamente o que você tem em mente. Seria talvez que o termo “arte” já exclui o que uma pessoa poderia querer chamar de “arte ruim” – de modo que “arte boa” seria redundante? Se é essa a pergunta, eu acho que às vezes o termo “arte” é usado dessa maneira. Se dizemos “um violão feito por Fred é uma obra de arte”, provavelmente não estamos usando a palavra “arte” de uma maneira pela qual faça sentido acrescentar, “e aquela é uma obra de arte muito ruim”. Mas em muitos outros casos, não usamos “arte” de modo que “arte ruim” não faça sentido algum.

9 American Standard Code for Information Exchange, código de informação padrão para letras e símbolos. (N. E.)

Uma questão bastante diferente se refere à *objetividade* das avaliações de obras de arte. Se eu digo "aquele desenho é muito ruim", a palavra "ruim" significa, definitivamente, uma categoria objetiva de trabalho de arte, de modo que minha afirmação é verdadeira ou falsa dependendo de o desenho se encaixar nessa categoria ou não? Ou minha afirmação faz apenas um trabalho mais *subjetivo*, expressando talvez que eu *não gosto* do desenho? Ou ela está em algum lugar entre esses extremos – talvez querendo dizer que o desenho seria considerado de mau gosto por pessoas de um certo tipo (talvez pessoas por cujo gosto em arte eu respeite)?

O fato de filósofos estudarem essas opções (e muitas outras) sobre o que "ruim" significa nesse tipo de afirmação é conseqüência do que pode parecer uma contraposição algo estranha: por um lado, falamos simplesmente em termos de "bom/ruim", em vez de "bom para mim/ruim para mim", ou algo parecido; e isto faz soar como se considerássemos um fato objetivo ser bom ou ruim. Por outro lado, parece claro que nossos julgamentos sobre quais são as obras de arte boas ou ruins são orientados por nossos gostos e nossas reações; isto faz parecer que precisamos *realmente* expressar alguma coisa de nossas avaliações idiossincráticas em vez de fazer uma avaliação objetiva. Neste sentido, "este desenho é bom" parece ser um intermediário entre "este é um bom sabor de sorvete" (o que parece bastante subjetivo) e "este é um bom amolador de facas" (o que parece bem mais objetivo). Parte da diferença aqui pode ser que embora seja tolo argumentar que um sorvete de creme é bom, ou perguntar os motivos para pensar assim, o mesmo não se pode dizer sobre o amolador de facas.

É tolo argumentar e raciocinar sobre se uma obra de arte é boa ou ruim? Certamente esta é uma prática extremamente comum – poderia ser tão tola quanto argumentar sobre chocolate *versus* creme? Suponha que isto realmente faça sentido; isto mostra que "bom/ruim", conforme aplicado a obras de arte, representa definitivamente uma distinção objetiva? Ou o argumento e o raciocínio apenas refletem o otimismo de que não somos muito diferentes em nossa disposição para avaliar, de modo que a discordância sobre o que é arte boa ou ruim possa refletir apenas diferenças no conhecimento factual e na classificação de matérias – diferenças que podem ser suavizadas por meio de discussão?

As distinções e questões aqui são de grande interesse sobretudo na medida em que elas iluminam dois outros tipos de discussão sobre avaliação que são filosoficamente muito importantes: as avaliações morais e racionais.

?

P

“Quando lemos histórias num livro, os personagens realmente ganham vida? Em algum sentido eles são reais, ou na verdade eles acreditam que são reais? Como eu sei que minha vida é real e que eu não sou uma criação ficcional da mente de alguém?”

R

MARK CRIMMINS: Quando você considera que os personagens de histórias são tão parecidos conosco, isto pode ser desconcertante: se eles são como nós, então nós também somos como eles. De fato, o que nos distingue? Apenas que eles estão em histórias e nós na realidade? Mas eles não poderiam dizer a mesma coisa sobre nós?

Esta é uma linha de pensamento muito tentadora, mas devemos resistir a ela.

Existe uma grande diferença entre a existência de algo representado como uma existência e a sua própria existência. Eu posso *dizer* que consertei o carro, mas isto não é necessariamente a verdade — o carro pode não ter sido consertado. Alguém pode discordar, “é, sim – ela é a verdade *de acordo com você*”. Mas ser a verdade de acordo comigo não é uma *maneira* de ser a verdade mais do que *não* ser a verdade é uma maneira de ser a verdade. Pode ser um pouco difícil ver isso por causa da maneira muito natural que temos de descrever o que alguém disse. Freqüentemente, em vez de dizermos, “Crimmins diz que o carro foi consertado”, dizemos, “O carro foi consertado, de acordo com Crimmins”. Isto faz parecer que o carro *foi* consertado, mas não na realidade, e sim apenas de acordo com a realidade de Crimmins. Mas esta é apenas uma maneira realmente pitoresca de dizer a mesma coisa – isto é, que eu disse que algo, que representa o carro, foi consertado.

A mesma coisa acontece em nossa conversa sobre ficção. Em vez de dizermos, "Conan Doyle, nas histórias de *Sherlock Holmes*, retratou um detetive chamado 'Sherlock Holmes' que era muito inteligente", dizemos, "Sherlock Holmes era um detetive muito inteligente nas histórias de Conan Doyle sobre Sherlock Holmes", ou até mesmo apenas "Sherlock Holmes era um detetive muito inteligente". Isto faz parecer que realmente houve um detetive, mas não na realidade. Porém, novamente, este é um erro que surge de um estilo pitoresco de descrever o que é representado (neste caso, na ficção) como uma existência. Uma característica dos personagens ficcionais que é intrigante quando você acha que eles são "reais, mas não na realidade" é chamada de *incompletude ficcional*: alguma vez Sherlock Holmes teve um calo em seu dedão esquerdo? Não é apenas que não *saibamos* – não existe fato algum sobre isso, porque todos os "fatos sobre Sherlock Holmes" são estabelecidos pelas histórias, e ali isto não está claro. Não é mistério algum que percebamos que os únicos fatos verdadeiros são de que as histórias *representam* várias coisas como se elas tivessem realmente fundamento (mas é um mistério se Sherlock Holmes é tão real quanto nós somos).

?

P

“A música é uma linguagem?”

R

MARK SPREVAK: Não existe nenhuma definição de linguagem que não seja controversa. Entretanto, um requisito freqüentemente citado é de que deve haver regras sobre o modo como diferentes elementos de uma linguagem são compostos juntamente (sintaxe). Outra exigência é que os elementos de uma linguagem tenham um conteúdo representacional (semântica).

A música certamente cumpre o primeiro requisito: as notas não podem ser combinadas de qualquer maneira para formarem uma música. Mas a música parece não cumprir a segunda exigência: não é óbvio que as notas musicais representem algo individualmente. Pode-se argumentar que às vezes há frases de uma música que realmente representam alguma coisa: diferentes instrumentos em *Pedro e o Lobo*, de Prokofiev, por exemplo, representam diferentes animais. Mas estes tendem a ser casos isolados de representação: não são tão disseminados nem sistemáticos quanto se esperaria de uma linguagem (como flautas numa música nem sempre representam pássaros ou qualquer outra coisa).

Mesmo que a música não seja uma linguagem no sentido descrito acima, isto não significa que não haja interessantes conexões entre a linguagem e a música, ou que nossas capacidades lingüística e musical não estejam relacionadas entre si.

P

“Se houvesse uma teoria sobre tudo, ela não iria prever todas as ações e todos os comportamentos humanos? E, assim sendo, essa teoria não destruiria a possibilidade do livre-arbítrio?”

R

PETER LIPTON: Esta é uma pergunta excelente, e nem todos os filósofos a respondem da mesma maneira. Minha opinião é de que a previsibilidade por si só não é uma ameaça especial ao livre-arbítrio. Suponha que eu tenha livre-arbítrio. Agora suponha que você me conhece tão bem que pode prever cada movimento que eu faço. Enquanto você não usar essa informação para me influenciar, e apenas souber dela, não acho que isto removerá meu livre-arbítrio, porque você não está interferindo.

Uma das coisas que torna essa pergunta complicada é que temos dificuldades para verificar como o livre-arbítrio é sequer possível, com previsão ou não. O dilema clássico é: ou tudo tem uma causa ou não. Se tudo realmente tem uma causa, então parece que você não tem livre-arbítrio algum, porque a cadeia de causas que leva a suas ações começou antes de você nascer. E se nem tudo tem uma causa, se algumas de suas ações em particular não têm causa, então isto também não parece ser livre-arbítrio. Parece ser apenas um acontecimento aleatório. Em resumo, ou o determinismo é verdade ou não é. Se o determinismo é verdade, você não tem livre-arbítrio algum; se o determinismo não é verdade, você também não tem livre-arbítrio algum. Então você simplesmente não tem livre-arbítrio. Os filósofos têm trabalhado duro, e há muito tempo, para tentar mostrar o que está errado nesse argumento, mas é um osso duro de roer.

A boa-nova sobre o livre-arbítrio é que o fato de nossas ações terem causas externas é inteiramente compatível com elas terem também causas internas, na forma de crenças e desejos. Meu consumo de banana split foi causado em parte pela presença desse item no cardápio – uma causa externa – mas também por um desejo de minha parte. Se eu não tivesse tido esse desejo, ou se meu desejo de perder peso fosse mais forte, eu não teria comido banana split. Portanto, na medida em que a existência de causas internas é suficiente para dar a alguém o livre-arbítrio, a existência de causas externas é compatível com o livre-arbítrio, já que a existência de causas externas é compatível com a existência de causas internas.

Na vida comum, quando pensamos que alguém fez uma coisa porque queria fazer, pensamos que ele a fez por livre-arbítrio. Infelizmente, quando começamos a pensar de forma mais abstrata sobre o significado do livre-arbítrio, começa a parecer que o fato de ele ter feito algo porque queria não é suficiente para o livre-arbítrio, e não conseguimos pensar no que se poderia acrescentar para tornar isso suficiente.

?

P

“Acredito que todas as ações humanas nascem do interesse próprio: mesmo os chamados atos altruístas visam no fim o alívio da culpa, ou a obtenção da aprovação de outras pessoas, ou mesmo aquele sentimento bom que você tem quando faz uma boa ação (e que é essencialmente egoísta, considerando que você obtém uma compensação mental, em vez de uma compensação material). Como discordar disso?”

R

PETER LIPTON: Outro dia no almoço, um demônio poderoso me deu uma escolha: ou meus filhos vão viver bem e eu vou achar que eles são infelizes (o que fará com que eu me sinta infeliz), ou meus filhos serão realmente infelizes e eu vou achar que são felizes (o que fará com que eu me sinta muito feliz). Logo depois de eu escolher, não terei lembrança alguma de ter feito a escolha e nem mesmo de ter almoçado com o demônio. Sabe de uma coisa? Vou escolher filhos felizes e eu infeliz. Não sou nenhum anjo, mas este é um ato altruísta.

R

JYL GENTZLER: O fato de geralmente sentirmos prazer depois de nos conscientizarmos de termos realizado um ato que acreditamos ser bom não quer dizer que realizamos um ato bom por causa do prazer que esperávamos sentir quando o tivéssemos cumprido com sucesso. É verdade: fazemos muitas coisas pelo prazer que elas nos permitem sentir. Muitas pessoas, na maioria das vezes, fazem sexo simplesmente porque gostam de fazer, e se elas não gostassem de fazer, não fariam, e talvez não conseguissem fazer sexo. Mas nem todas as ações são assim. Fazemos algumas coisas simplesmente porque achamos que elas valem a pena. Como acreditamos que elas valem a pena, sentiremos satisfação sabendo que realizamos uma coisa que vale a pena. Entretanto, pode acontecer de realizarmos esses atos não pelo prazer que sua realização bem-sucedida traz, já que nosso sentimento de prazer depende em primeiro lugar de darmos um valor independente a esses atos ou às conseqüências desses atos. Se eu não achasse que é uma boa idéia contribuir, por exemplo, com parte de meus limitados recursos para a Oxfam, eu não sentiria prazer em fazê-lo. Portanto minha crença de que é uma boa idéia contribuir para a Oxfam não pode se dever simplesmente à minha expectativa de sentir prazer com o pensamento de ter contribuído.

R

THOMAS POGGE: Considerando a grande diversidade da conduta humana através de épocas e culturas, é fácil encontrar contra-exemplos plausíveis. Mas esses contra-exemplos sempre podem ser rejeitados por uma observação tal como a que você fez: o ato parece ser altruísta, mas na verdade foi motivado pela satisfação que a pessoa esperava obter com o alívio de sua culpa ou com a aprovação de outras pessoas. Mesmo quando uma pessoa se atira em cima de uma granada de mão prestes a explodir para salvar seus camaradas, pode-se dizer que a satisfação esperada da aprovação antecipada de seus camaradas com certeza pesou mais do que seu medo da dor e da morte antecipadas.

O problema com essas rejeições é que elas levam a um círculo vicioso: o fato de uma pessoa agir de certa maneira é considerado suficiente para mostrar que havia algum motivo egoísta para ela fazer aquilo. E a proposição em questão (de que todas as ações humanas nascem de interesse próprio) torna-se então completamente imune à refutação. Você repete isto não importando quais sejam as ações realizadas. E então isto já não expressa uma descoberta (perturbadora) sobre o mundo particular em que vivemos.

Para demonstrar isso, considere outra proposição: *as pessoas sempre fazem o que preferem.* Essa proposição é inofensiva e trivial quando a preferência e a escolha estão conceitualmente ligadas de modo que a opção de conduta preferida pela pessoa é, por definição, aquela que ela escolher. Ou considere a proposição: *toda pessoa é diretamente motivada apenas pelos seus próprios desejos.* Novamente, isto não é uma descoberta psicológica, mas uma verdade conceitual inofensiva: o desejo de outrem pode me motivar apenas indiretamente, quando eu tenho conhecimento dele e desejo que ele seja realizado.

Para examinar sua própria compreensão da proposição em questão (de que todas as ações humanas nascem de interesse próprio), pergunte a si próprio o que você consideraria uma boa prova de um ato verdadeiramente altruísta. Se você achar, refletindo, que não consideraria qualquer conduta concebível uma boa prova, então sua proposição independe do que os seres humanos fazem e de como eles são e, portanto, não oferece sobre eles nada de esclarecedor. Se, por outro lado, você acha que reconhece ser possível existir uma conduta que consideraria como uma boa prova de motivos não-egoístas, então provavelmente você vai achar essa conduta no mundo – embora você também possa concluir, como Immanuel Kant, que nunca há a *certeza* de que a conduta de uma pessoa não é motivada por razões egoístas.

?

P

"Se o determinismo fosse verdade, de modo que toda ação fosse estabelecida, desde o começo do universo, pelas leis da natureza, isto minaria a moralidade? Hitler seria moralmente equivalente a Ghandi porque ambos teriam sido determinados a agir como agiram? Isto afetaria a raiva que sentimos de pessoas 'imorais'?"

R

PETER LIPTON: Esta é uma pergunta grande, mas eu só vou contar uma história conhecida por filósofos que trabalham nessa área. Um homem é considerado culpado de um crime e recebe permissão para fazer um breve discurso antes de ouvir a sentença. Ele admite o crime, mas alega ser não apenas um criminoso, mas também um filósofo, e alguém que convenceu a si próprio da verdade do determinismo. Como tudo o que ele fez foi determinado por causas anteriores a seu nascimento, ele não poderia ter agido de outra forma que não fosse cometer o crime. Portanto, com certeza ele não deveria ser punido. O juiz, depois de ouvir cuidadosamente tudo isso, admite que ele próprio é filósofo diletante, e que também simpatiza com o determinismo. Assim sendo, o juiz não tem outra escolha a não ser puni-lo.

Quando consideramos a relação entre determinismo e responsabilidade, temos uma tendência a não ser completamente consistentes. Logo, podemos pensar que não deveríamos punir criminosos nem sentir raiva deles. Mas qual é a força desse "não deveríamos" se também somos determinados? Só fazemos o que fomos determinados a fazer. Como não poderíamos agir de outra forma, "deveríamos" e "não deveríamos" não parecem se encaixar nisso.

?

P

“As pessoas precisam falar para pensar?”

R

LOUISE ANTONY: Provavelmente você já viveu a seguinte experiência: existe uma palavra ou um nome que você está tentando lembrar, mas simplesmente não consegue. Parece "estar ali", de alguma forma, ao alcance da vista e da mão. Está, como às vezes dizemos, "na ponta da língua". Se você escreve, provavelmente viveu uma versão mais substancial disso: você sente que sabe *o que* quer dizer, mas simplesmente "não consegue encontrar as palavras certas" para fazê-lo.

Experiências do dia-a-dia como essas sugerem que o pensamento é algo separado da fala, que a fala é "o pensamento exteriorizado". Muitos filósofos sustentam, porém, que essa aparência é enganadora. Esses filósofos – e eles são provavelmente a maioria – sustentam que o pensamento e a linguagem estão essencialmente ligados, de modo que um não existe sem o outro. (Deixe de lado todas as provas obtidas a partir da observação casual de que também é possível falar sem pensar.) O argumento para essa visão apela às provas que geralmente precisamos para atribuir pensamentos a outras pessoas, ou seja, o comportamento verbal. Existe também a reflexão que você faz, aquele tipo pensante de "sensação", como falar silenciosamente com si mesmo.

O inconveniente dessa visão é que ela requer que nós neguemos que crianças que ainda não falam e animais têm pensamento.

E embora não tenhamos exatamente as mesmas provas para atribuir pensamento a esses seres como temos no caso dos adultos, cujo desenvolvimento da expressão verbal é completo, há *muitas* provas de que esses seres pensam. De fato, as melhores considerações disponíveis sobre como as crianças *adquirem* a linguagem exigem de nós atribuir pensamentos a elas – no mínimo, coisas como "Ah, então é assim que isso é chamado...". Muitos filósofos também acreditam que o surgimento da linguagem envolve o surgimento de *convenções* – entendimentos mútuos implícitos de que certas coisas serão feitas de certa maneira, que usaremos a palavra "cachorro" para nos referirmos a cachorros. Mas as convenções exigem não apenas *pensar*, mas *pensar sobre pensar*. Para participar de uma convenção, eu devo não apenas entender que um determinado som feito por outro ser humano está relacionado à presença de cachorros, eu preciso entender que aquela pessoa *pretende me informar* sobre a presença de um cachorro.

Então, muita coisa depende também do que uma pessoa quer dizer com "pensar".

Filósofos de certo grupo afirmam que pensar envolve apenas ter e manipular *representações* do mundo, de modo que temos justificativas para atribuir pensamentos a uma criatura se tivermos que apresentar representações para explicar o comportamento da criatura. Sabemos, por exemplo, que chimpanzés podem encontrar novas soluções para problemas: quando são deixados sozinhos numa sala com uma caixa e uma banana pendurada sobre eles, fora de seu alcance, eles descobrem que podem pôr a caixa embaixo da banana e subir na caixa para apanhar a fruta. Esta não pode ser simplesmente uma resposta condicionada; os chimpanzés não tinham antes qualquer experiência em ficar em cima de caixas. Portanto, temos que supor que de alguma forma eles representaram para si próprios uma situação que não existia ainda, e que eles passaram por algum processo de raciocínio para apanhar a banana, como: "Se eu fosse mais alto, eu apanharia a banana. Se eu ficar em cima da caixa, vou ficar mais alto. Então, eu devo ficar em cima da caixa." Mas agora você vai perguntar, "Como o chimpanzé pensa se ele não tem palavras para se expressar?" Resposta: o chimpanzé pensa num tipo de linguagem "particular" – um sistema de representação interno. Se isso parece implausível, tente dar uma explicação alternativa para a conquista do chimpanzé, uma explicação que não termine na mesma suposição.

Filósofos de um segundo grupo, que acham que não pode haver pensamento sem linguagem, podem simplesmente entender o "pensamento" como algo que é conscientemente acessível, algo sobre o qual uma pessoa pode refletir. Talvez esse tipo de pensamento com "auto-consciência" esteja amarrado necessariamente à linguagem. Alguns desses filósofos admitem, então, que crianças que ainda não falam e animais podem ter "estados parecidos com o pensamento", os quais desempenham o mesmo papel de explicar o comportamento que as "representações mentais" apresentadas por cientistas cognitivos. Mas neste caso a questão se torna meramente verbal, e questões meramente verbais são chatas.

?

P

"Como as palavras ganham significado?"

R

MARK CRIMMINS: Bem, existe um grupo de sábios idosos que se reúne numa sala toda de carvalho, vestindo togas negras, para dar oficialmente significado às palavras. Pelo menos esta é a idéia que você teria, do jeito como as pessoas falam dos significados "corretos" das palavras, enquanto deploram o fato de a maioria das pessoas hoje em dia empregá-las com o significado "errado". Os lingüistas acham isso divertido, porque as palavras significam simplesmente aquilo que pessoas querem que elas signifiquem. O maluco por correção lingüística supõe equivocadamente que manuais de uso detalhistas e dicionários superados determinam o significado "correto" das palavras, quando o verdadeiro tribunal é o uso comum. Portanto *meat* em inglês significa uma carne comestível, e não comida em geral, não por causa de uma mudança no dicionário, mas por causa de seu uso. Os dicionários respondem a mudanças no uso, eles não o determinam.

Como exatamente o uso comum faz para criar um significado lingüístico? O filósofo Paul Grice desenvolveu uma resposta bastante inspirada para essa pergunta. Sua idéia é de que o tipo fundamental de "significado" não é o significado *lingüístico*, mas o significado *comunicativo*. Uma pessoa pode "querer dizer alguma coisa" no sentido de tentar passar uma mensagem para outra pessoa – ela pode piscar os olhos, tocar um sino ou, certamente, usar a língua com o objetivo evidente de passar uma mensagem. Grice sugeriu que o que dá significado às palavras é que elas se tornam padronizadas como ferramentas para certos tipos de mensagem. O que elas significam é uma questão relacionada à mensagem que ajudam a propagar de maneira padronizada. E esta é uma questão sobre como as palavras realmente são usadas, e não sobre como elas são definidas em livros de referência.

Tudo isso parece muito perspicaz e importante. Mas talvez o maluco por correção lingüística não esteja completamente equivocado. Certamente existe uma comunidade lingüística considerável cujos membros tratam os dicionários e os manuais de uso como normas a serem seguidas (captem elas o uso comum ou não). De acordo com os próprios padrões desses usuários da língua, eles falam incorretamente quando os "especialistas" dizem que o fazem; eles se apóiam nas regras dos especialistas. No que diz respeito a essa comunidade, pode ser plausível dizer que suas palavras significam literalmente que os especialistas em uso consideram o que elas significam. Isto mostra que Grice estava errado em relação a eles? Talvez. E não apenas em relação ao que é lingüisticamente correto. Se se tornar comum a idéia de que Relatividade Geral é a alegação de que "tudo é relativo", as pessoas vão usar o termo para conduzir mensagens de que tudo é relativo. Mas certamente isto seria um erro disseminado sobre o significado de "Relatividade Geral"; ele não se tornaria *correto*. Portanto, talvez a teoria de Grice necessite de uma suplementação para acomodar casos em que os usuários da linguagem *diferem* dos especialistas no estabelecimento do significado literal de algo.

?

P

“Um homem casado e uma mulher solteira estão prestes a ter um caso. A mulher solteira tem a responsabilidade de proteger os votos de casamento do homem, ou a responsabilidade é apenas dele? Na ausência de uma doutrina religiosa específica, como você formularia um princípio para ajudar a determinar onde a responsabilidade começa e onde ela acaba neste caso?”

R

DAVID BRINK: Você não precisa ser religioso para achar que a confiança e a fidelidade são valores importantes que devem regular as relações íntimas. Portanto, exceto por alguma informação que você não tenha fornecido (trata-se de um "casamento aberto", ou a esposa está em estado vegetativo há anos, por exemplo), eu pensaria que o romance extraconjugal é moralmente errado, pelo menos em parte, porque é incompatível com a confiança e a fidelidade conjugal. A mim parece que a mulher solteira está errada se ela entra conscientemente nessa relação, mesmo que não sejam delas os votos que estão sendo quebrados. Se é errado você romper um contrato, e se eu conscientemente ajudo você a romper o seu contrato, eu fiz algo errado. Além do mais, se a mulher solteira se importa verdadeiramente com o homem casado, então presumivelmente ela tem motivos para não querer que ele faça algo errado. Pelo menos esse tipo de preocupação moral pelo outro é uma característica de outras formas de amor, tal como o amor dos pais por um filho. Portanto, para responder a sua pergunta original, essa preocupação dá a ela motivo para não contribuir para a infidelidade dele. Mas essa preocupação parece ser um motivo adicional para não ter um envolvimento, além do motivo central para não facilitar a infidelidade.

R

MATTHEW SILVERSTEIN: Quando eu li sua descrição da situação, meu primeiro pensamento foi de que a mulher solteira tem a responsabilidade não de proteger os *votos* do homem casado, mas de proteger a *esposa* do homem casado. Afinal de contas, a esposa é aquela que provavelmente mais será prejudicada pelo romance de seu marido, e todos nós temos a responsabilidade de não agir de um modo que possa causar um mal a outras pessoas (mesmo que não conheçamos pessoalmente as outras pessoas em questão). É o homem, obviamente, que suporta o peso da responsabilidade neste caso, uma vez que ele tem uma obrigação específica de cuidar de sua esposa. Entretanto, eu realmente acho que a mulher é pelo menos em parte responsável pelas conseqüências negativas de seu envolvimento.

?

P

“Eu sou moralmente obrigado a dizer a minha parceira sexual que tenho fantasias com outra pessoa enquanto estou fazendo amor com ela? Revelar o objeto de minha fantasia é importante?”

R

THOMAS POGGE: Suponha que você de fato seja moralmente obrigado a dizer a sua parceira sexual que você tem fantasias com outra pessoa quando está fazendo amor com ela. Essa obrigação não é devida a terceiros. Então teria que ser devida a ela. Mas é questionável que amantes devam um ao outro essas revelações. Você está convencido de que sua parceira tem o dever de revelar a você qualquer fantasia que ela possa ter? Essas revelações seriam de seu interesse? Você gostaria de saber que fantasias ela tem quando vocês dois fazem amor? Você ficaria mais feliz se ela desse a você essa informação, ou você acha que ela ficaria mais feliz se ela desse essa informação a você? Se as respostas a essas perguntas empíricas são negativas, então é difícil ver como ela poderia dever a você essas descobertas, as quais você não gostaria de ouvir e que não trariam benefício algum para nenhum dos dois. E então você deveria supor que também não deve a ela essas revelações – a não ser que você tenha um motivo especial para acreditar que ela queira saber ou que ela ou você se beneficiaria disso.

R

JYL GENTZLER: Muitas pessoas sentem-se na obrigação de revelar cada pensamento extravagante a seus parceiros. Falando apenas pessoalmente, se eu fosse sua parceira, eu preferiria não saber. Embora eu acredite que não me prejudicaria saber que você tem fantasias de sexo com outra pessoa (afinal de contas, existe alguém – não importa o quanto seu relacionamento seja maravilhoso – que nunca pensou, ainda que brevemente, sobre sexo com outra pessoa?), não tenho certeza de que eu seria tão madura e racional a ponto de não levar eu mesma (e você) à loucura ficando fixada nas particularidades da fantasia. Por que ela? O que ela tem que eu não tenho? E por aí em diante.

Você poderia pensar que nosso relacionamento seria melhor se não escondêssemos nada um do outro e que eu seria uma pessoa melhor se superasse a irracionalidade e imaturidade que me impediriam de imaginar suas fantasias sexuais com tranqüilidade. Você poderia pensar que se realmente se importasse comigo e com nosso relacionamento, me diria a verdade para que tanto nosso relacionamento quanto eu pudéssemos crescer. Entretanto, pode ser que eu *não consiga* crescer dessa maneira, e que conseqüentemente o único efeito de sua revelação seja causar danos a mim e ao nosso relacionamento.

Além do mais, não estou convencida de que devemos manter como ideal romântico uma relação na qual a vida mental dos parceiros seja transparente. Embora um grande benefício da intimidade seja a oportunidade de compartilhar – sem medo de rejeição, raiva ou repugnância – pensamentos e desejos que não são assuntos apropriados em conversas mais públicas, grande parte do que se passa em nossas mentes confusas não é apropriado a *nenhuma* conversa. Pensamentos e desejos verbalizados têm que ser respondidos pelo interlocutor de alguma forma – sejam eles explicitamente aceitos, rejeitados, ou simplesmente ignorados. Mas por que eu deveria impor a outras pessoas (especialmente a pessoas queridas) a exigência de responder a pensamentos ou desejos que eu própria considero excêntricos, aleatórios, injustificáveis ou chatos?

?

P

“É possível estar amando o sentimento de estar amando alguém em vez de estar amando a pessoa que você acredita amar?”

R

ALEXANDER GEORGE: Falamos sobre “amar a sensação de estar de banho tomado”, mas certamente o sentido de “amar” aqui é diferente do sentido de amar um marido ou uma mulher. O primeiro parece ser mais ou menos sinônimo de “achar muito prazeroso”, enquanto o último – bem, eu não sei como expressar mais o que queremos dizer nesses casos, mas sei que queremos dizer algo diferente de “achar muito prazeroso” (o que, certamente, é compatível com dizer que amar alguém pode ser muito prazeroso). Portanto, é claro que é bem possível que John esteja amando Hilary e também ache esse sentimento muito prazeroso.

Mas esta não é bem sua pergunta. Você está imaginando uma situação em que John *acha* que está amando Hilary, mas na verdade não está. (As pessoas realmente falam como se pudessem estar erradas sobre estarem amando: “Eu achei que o amava, mas agora percebo que nunca o amei.” Isto é interessante, e talvez ofereça algumas pistas sobre como tratar – e como não tratar – a noção de amor.) E você também está imaginando se John pode ter um grande prazer com esse *falso* amor. Se ele tiver, então certamente ele não está amando o fato de amar – já que ele *não* está amando. Da maneira como você coloca, ele está “amando *o sentimento* de estar amando”.

Apresentado dessa maneira, supõe-se que o amor *é sentido* de um modo particular. A mim isto parece uma suposição dúbia (lembre que uma pessoa pode achar que está amando quando não está), mas se imaginamos isto, então sua pergunta leva a esta: poderia acontecer de John não estar amando Hillary, de John estar tendo aquelas sensações que geralmente correspondem a estar amando, de (talvez como conseqüência) John acreditar que está amando Hillary e, finalmente, de John estar tendo grande prazer em ter essas sensações? Eu não vejo por que não (Só espero que isso não ocorra comigo).

?

P

“Eu realmente amo minha esposa e certamente não quero magoá-la. Mas é moral enganá-la se estou 100% certo de que ela não vai saber (e, portanto, não será ferida)?”

R

ALEXANDER GEORGE: Eu não vejo como alguém pode estar “100% certo”. Talvez, apenas talvez, haja algumas afirmações sobre o mundo natural sobre as quais se pode estar absolutamente certo, como o fato de sermos gerados por pais e não crescermos em árvores. Mas não acho que possamos estar certos em relação à maioria das afirmações sobre o futuro, e certamente não em relação à afirmação “Minha mulher nunca descobrirá que eu a enganei”.

Mas se você quer considerar um caso em que podemos ter confiança de que a pessoa enganada nunca descobrirá a traição, vamos imaginar que sua mulher lhe pediu para prometer a ela que você nunca terá relações sexuais com outra pessoa mesmo depois de ela, sua mulher, morrer. Você realmente lhe promete isso e agora ela está morta. É evidente que podemos estar “100% certos”, neste caso, de que sua mulher nunca será ferida por você “enganá-la”. (Estou obviamente supondo aqui que ela não vai ficar triste numa outra vida após a morte.) Seria imoral quebrar sua promessa nessas circunstâncias?

Alguns dirão que não seria, e que pensar isso é uma ilusão induzida pelo hábito. De acordo com essa visão, uma pessoa só pode ofender outra fazendo algo que cause dor a essa outra pessoa. Outros insistiriam que nessas circunstâncias seria errado quebrar a promessa e que falar sobre certo e errado não é simplesmente falar sobre o que fere uma pessoa. De acordo com essa visão, isto seria inverter as coisas: a ofensa de suas ações não consiste em você feri-la. O motivo pelo qual sua esposa teria ficado ferida se descobrisse sua infidelidade é que ela saberia *que você a ofendeu*, e *isto* é o que seria doloroso.

?

P

"Considerando a complexidade das relações humanas, parece quase inevitável que um ser humano normal tenha mais de um parceiro durante sua vida. Portanto, será que entramos numa era em que o 'eu amo você' perdeu o valor, passando do 'eu vou te amar para sempre' de nossos antepassados para simplesmente 'eu amo você neste momento'? É possível amar duas pessoas ao mesmo tempo?"

R

NICHOLAS D. SMITH: Acho que quero começar dizendo que nego sua premissa. Acho que na verdade temos poucos motivos para pensar que nossos antepassados eram mais amorosos, ou queriam dizer mais do que nós quando diziam "eu amo você". Pode ser verdade que os casamentos não terminassem tão freqüentemente em divórcio quanto hoje, mas tenho fortes suspeitas de que as explicações para esse fato têm muito pouco a ver com a suposição de nossos ancestrais serem mais amorosos, ou mais estáveis, em seus amores. Na verdade, estou inclinado, de várias maneiras, a achar que os tipos relevantes de relacionamentos na maioria das culturas dos tempos antigos eram mais abusivos, mais limitados, mais desiguais e menos relacionados a "amor" (em qualquer forma que eu aceitaria reconhecer) do que os relacionamentos são hoje em dia, pelo menos no que diz respeito ao reconhecimento dos direitos das mulheres (mesmo que nem sempre eles sejam respeitados).

Quando à segunda pergunta, a resposta depende do que você quer dizer com "amor". Certamente, a maioria das pessoas que amam seus maridos e suas mulheres também ama seus filhos, seus pais e amigos íntimos. Mas sem dúvida você argumentaria que são *tipos* de amor diferentes. Tenho uma suspeita de que realmente cada ligação que é chamada de "amor" é, de alguma maneira, diferente de todas as outras ligações desse tipo, e, portanto, de certo modo, é verdade que uma pessoa não terá os mesmos sentimentos por quaisquer duas pessoas ao mesmo tempo, ou mesmo durante toda a sua vida. Mas talvez você ainda ache que isto seja uma evasão de sua pergunta. Talvez você se refira a "amor" como um tipo de ligação que é absolutamente exclusivo em relação a quaisquer outros do mesmo tipo. (Mas se esta é a sua definição, então a resposta para sua pergunta vem imediatamente a seguir.) *Pode* ser (embora eu tenda a duvidar disso) que exista um tipo (ou vários tipos) de amor que é de todo exclusivo, mas a maioria dos tipos não é, obviamente, exclusiva dessa maneira. O amor romântico parece *tender* à exclusividade – mas eu acho que muitas pessoas se encontram numa situação em que afirmariam com honestidade que amam mais de uma pessoa romanticamente. Uma coisa é certa nesses casos, considerando a maneira como a sociedade está configurada: a vida dessa pessoa provavelmente se tornará *muito* complicada!

?

P

“Como é ser outra pessoa?”

R

MARK CRIMMINS: Esta é realmente uma boa pergunta. Eu acho que a resposta é: a sensação é normal, porque é normal para a outra pessoa. Sendo assim e, se você *é* essa outra pessoa, então se sentir como ela é normal para você.

Mas o que você quer realmente saber é: como *eu* me sentiria sentindo o que elas sentem? Se eu pudesse “ver” a forma como uma maçã vermelha é olhada por elas, ela pareceria vermelha para mim? Ou pareceria verde? Se eu pudesse sentir o sono delas, eu sentiria como sinto o meu sono? Felizmente, os filósofos têm pensando muito e há muito tempo sobre essa pergunta. Infelizmente, não chegamos a uma solução.

?

P

"Temos algum controle sobre o que acreditamos? Eu posso pensar em um monte de coisas que eu considero verdade e que em nenhuma circunstância eu poderia pensar de outra forma. Quando nós temos bons fundamentos para acreditar em algo, é possível não acreditar nessa coisa? Temos alguma escolha neste caso? Eu entendo que algumas pessoas possam entrar num estado de negação de algo, mas isto não é apenas agir como se não acreditassem nessa coisa em particular? Teoricamente, é possível ser levado (talvez por hipnose ou doutrinação) a acreditar ou não acreditar em alguma coisa contrária ao que normalmente pareceria óbvio para nós?"

R

MITCHELL S. GREEN: A crença tem duas faces. Vistas de um lado, as crenças parecem acontecer conosco, e isso depende das provas disponíveis: diante de provas sensoriais de um rinoceronte correndo é praticamente impossível não acreditar que se trata de um rinoceronte correndo. Vistas por um outro ângulo, porém, as crenças parecem estar, pelo menos em parte, sujeitas a nossa vontade. Isto é sugerido pelo fato de eu poder dizer às pessoas diante de mim, "Acreditem em mim", como prefácio do que vou dizer em seguida, e elas poderem muito bem responder, "Acho difícil acreditar nisso!"

Um estímulo ao segundo tema – no qual a crença parece estar até certo ponto sujeita a nossa vontade – é o argumento "Aposta" do filósofo e matemático Blaise Pascal (1623-1662). Pascal sustentava que não é possível provar que Deus existe e que não é possível provar que Deus não existe. Ele argumentava que é pelo próprio bem que se acredita que Deus existe. Como, então, é possível cultivar uma crença em Deus na ausência de provas? A resposta de Pascal é que se você se cerca de pessoas religiosas, vai à igreja (ou à mesquita, ou à sinagoga etc.) por muito tempo, ouve o tipo adequado de música etc., então no fim a crença virá. De maneira semelhante, se eu quero (talvez porque alguém vai me pagar um bocado de dinheiro por isso) me levar a acreditar que a Groenlândia não está derretendo, eu poderia contratar hipnotizadores, pedir a amigos que não me deixassem ler artigos de jornais que discutem o aquecimento global, sair com pessoas que negam o fenômeno do aquecimento global e por aí em diante. Parece provável que depois de algum tempo, a crença (na proporção em que a Groenlândia está derretendo) vai "estupefar meus escrúpulos", para usar uma expressão do famoso ensaio de William James "A Vontade de Acreditar". (Veja seu *The Will to Believe and Other Essays in Popular Philosophy*, Longmans, Green and Co., 1989). Observe, porém, que nesses dois casos a pessoa que modifica suas crenças precisa suprimir as provas em contrário. Como resultado, eu sugeriria que é possível acreditar em algo contrário ao que pareceria óbvio, mas somente se a contra-prova óbvia sumir da visão. Com o rinoceronte ainda correndo, nem pensar.

A maioria dos filósofos concordaria que é possível modificar as crenças de alguém de acordo com sua vontade, havendo tempo suficiente e determinação. Porém, a maioria também concordaria que é impossível acreditar em algo por vontade, "fácil assim", ou seja, simplesmente como resultado de decidir fazer isso. Entretanto, duas perguntas surgem dessa distinção entre formar crenças diretamente e formá-las indiretamente.

1. Se de fato é impossível formar crenças indiretamente, por que isso acontece? Muitos sugeririam que isto se deve ao mecanismo pelo qual as crenças são formadas, que depende em muitas maneiras de uma percepção que não parece estar sujeita ao nosso controle. Entretanto, muitas de nossas crenças são formadas de maneiras que não envolvem a percepção – assim sendo, não deveríamos conseguir formar essas crenças por vontade? Num sentido mais amplo, a alegada impossibilidade de formar crenças por vontade diretamente é uma impossibilidade conceitual (como encontrar um solteirão casado) ou uma impossibilidade relativa à psicologia humana (como, para a maioria de nós, memorizar uma caderneta de telefones)?

2. Temos uma compreensão sólida sobre a distinção em si? Eu tomei emprestada a expressão "fácil assim" de um conhecido ensaio de Bernard Williams, "Decidindo Acreditar" (de seu livro *Problems of the Self*, Cambridge University Press, 1973), mas podemos ter dúvidas de que ela indica um fenômeno claro. Suponha, por exemplo, que eu estou analisando uma questão em que há provas apontando para os dois lados – digamos, a tese de que um certo remédio reduz o risco de câncer. Parece que depois de um tempo eu poderei decidir se o remédio é eficaz. Entretanto, eu poderia fazer isso sem coletar *mais* dados; assim, esta é uma conclusão à qual eu poderia chegar depois de analisar cuidadosamente os dados dos quais eu já dispunha. Seria este um caso de decidir acreditar "fácil assim"?

P

“É possível que pessoas mentalmente instáveis (meio loucas) sejam na verdade sãs e que nós sejamos os loucos?”

R

RICHARD HECK: Suponha que quando você entrava no prédio de seu escritório, viu pessoas gritando e correndo em todas as direções. Guardas de segurança o abordaram e o puseram para fora. Então você caminhou para sua casa, notou que sua chave não funcionava, bateu na porta e um estranho respondeu! Você perguntou o que ele estava fazendo ali e ele disse que morava ali e estava imaginando o que *você* estava fazendo ali. Daí em diante, só o que você sabe é que homens de jaleco branco chegaram e as coisas degringolaram. Você poderia razoavelmente pensar que está ficando louco. Mas está? Ou o mundo é que ficou louco?

A noção de “sanidade” é, de uma maneira ou de outra, uma noção de funcionamento mental normal. Mas há duas noções diferentes de normalidade. Uma delas é estatística: o que é “normal” é simplesmente o que é comum numa determinada população. A outra noção é normativa: o que é normal é o que é apropriado, de acordo com as regras e coisas do tipo.

O contraste entre essas duas noções surge de maneiras diferentes em casos diferentes, mas ele geralmente pode ser descoberto considerando afirmações modais. O que é hoje normal *ainda* seria normal se as coisas fossem muito diferentes de como elas são hoje? É normal, por exemplo, os seres humanos terem cinco dedos em cada mão. Suponha que um milho geneticamente modificado tivesse um tipo de vírus de modo que, se uma mulher grávida o comesse, seus filhos teriam seis dedos em cada mão. Suponha ainda que esse milho se tornasse muito comum, de modo que em toda parte os bebês nascessem com doze dedos. Ninguém sabe o que causa isso, então isto continuaria a acontecer por muito tempo, até que a maioria das pessoas passasse a ter doze dedos. Seria então normal os seres humanos terem doze dedos? Se você está inclinado a dizer "sim", então você está usando uma noção puramente estatística sobre o que é normal; se você está inclinado a dizer "não", então você está usando uma noção normativa.

Obviamente, já que tudo em filosofia é controverso, há filósofos que negam que haja qualquer noção não-estatística de normalidade. Eles estão errados. Na verdade, eu acho que o sentido mais importante de "normal" é o normativo. Então me deixe usar agora a palavra "usual" para significar "normal", no sentido estatístico, deixando a palavra "normal" ter uma definição ambígua.

Depois de tudo o que foi dito, podemos agora perguntar: é possível que pessoas incomuns sejam na verdade aquelas que são normais? Não, se a noção de normalidade é estatística; sim, se a noção de normalidade é normativa. Ou seja, é possível, no sentido mínimo concebível; não podemos simplesmente excluí-la *a priori*. Talvez, como no exemplo anterior, exista algum fator ambiental (digamos, os reality shows na TV) que levou a maioria das pessoas a não ter o tipo de funcionamento mental que elas deveriam ter.

Se isto acontece de fato assim, então, certamente, não é uma questão para os filósofos.

P

“Recentemente, uma amiga fez uma cirurgia na qual recebeu um medicamento para esquecer a operação: era uma cirurgia no olho feita com anestesia local, e aparentemente a lembrança de um ‘bisturi entrando no seu olho’ causa reações de pesadelo. Portanto, ela deve ter vivido momentos de terror ao ver o bisturi cortando seu olho, mas agora não se lembra de nada. Se não se lembra, ela realmente ficou aterrorizada? Se não há lembrança em absoluto, podemos chamar isso de ‘terror’? Se podemos, como sabemos que não fomos aterrorizados de maneira semelhante?”

R

AMY KIND: Vamos supor que se sua amiga não tivesse recebido o remédio que causa amnésia, concordaríamos que ela viveu momentos de terror quando o bisturi se aproximou de seu olho. A pergunta então se torna: por que a aplicação do remédio que causa amnésia deveria mudar a nossa opinião?

Considerando a sua descrição do remédio – de que ele “a faz esquecer a operação” – ele não a impede de ter experiências; apenas a faz esquecer essas experiências. Portanto, para responder a sua pergunta, sim, ela ficou aterrorizada. Ela teve uma experiência de terror e agora não consegue se lembrar dela.

Você parece dizer que precisamos conseguir lembrar de uma experiência para que ela tenha sido verdadeiramente vivida.

Estou inclinado a negar essa suposição. Para ajudar a ver por que deveríamos negar essa suposição, considere um caso ligeiramente diferente. Suponha que alguém tem alguns momentos de terror e em seguida morre. Você negaria que essa pessoa viveu o terror, embora (devido a sua morte) ela nunca tenha sido capaz de formar uma lembrança dele?

?

P

"Muitos anos atrás alguém fez uma pergunta que até hoje eu não consigo responder. Quando eu estava no Paquistão, encontrei a mulher de um colega de trabalho. Nós nos demos muito bem e tivemos bons momentos discutindo algo que nós dois gostávamos muito de fazer: cozinhar. Em determinado momento, ela se virou para mim e perguntou, 'Como é o gosto do abacate?' Simplesmente não havia abacates em Lahore. Ela tinha visto fotografias e lido receitas, mas nunca havia comido essa fruta. Eu não consegui fazer uma comparação do gosto, porque o abacate é único. Como você expressa ou fala de um sabor sem uma base de comparação? Como alguém pode compartilhar uma percepção sem uma experiência em comum?"

R

JOSEPH G. MOORE: Esta é uma ótima pergunta e um ótimo exemplo. Existem vários obstáculos para transmitir o gosto do abacate em palavras para outra pessoa. Alguns são práticos e outros, filosóficos.

Eu aposto que poderia distinguir de maneira confiável o abacate de outras substâncias num teste de gosto de olhos vendados, mas se não estou no momento comendo abacate, descrever o gosto é muito mais difícil. Até mesmo agora que estou comendo um abacate (honestamente), meu poder de diferenciação parece muito maior do que meu lamentável poder de descrição. Aí vai: o abacate tem um sabor amanteigado (mas mais rude e mais oleoso), de terra, semelhante a uma manga não fibrosa, mas menos doce... Está bem, concordo, essa descrição seria muito melhor se eu fosse um gourmet ou um poeta, e não um filósofo desajeitado. Mas ainda assim, algumas pessoas têm argumentado que as qualidades percebidas em nossas sensações são *inefáveis* – o gosto que as coisas têm para nós (assim como a aparência, o som, o cheiro e o tato) escapará sempre de nossas descrições mais sensíveis, evocativas e detalhadas.

O que isto realmente significa, e se isto acontece assim mesmo, é motivo de debate. Mas está claro que em qualquer caso nós somos dificultados pela falta de uma linguagem "puramente qualitativa" para distinguir o gosto que uma coisa tem para nós. Com isso eu quero dizer que a maioria de nossas descrições sobre gosto invariavelmente faz referência a alguma substância externa (ou a algum tipo de substância) e portanto diz, efetivamente, que o gosto que agora sentimos é semelhante a certo gosto tipicamente suscitado por certa substância. Quando descrevemos um alimento como sendo salgado, por exemplo, queremos dizer que seu gosto é o gosto que as coisas salgadas têm (mesmo que o alimento em questão não contenha sal). Se isto está certo, então sua amiga terá que sentir o gosto de substâncias (como mangas) que são evocadas na descrição do gosto do abacate. E até mesmo isso não será suficiente se o gosto é, como você sugere, único – se ele não pode ser sentido como outros gostos. (Isto pode ser verdade ou não para o abacate, mas duvido que seja verdade para todos os gostos: acho que você pode aceitar que o café achocolatado tem gosto de café e chocolate.) Essas observações sobre a maneira como descrevemos os gostos e as dificuldades que enfrentamos para expressá-los levam diretamente a duas questões filosóficas densas e fascinantes.

Primeiro, poderíamos imaginar se realmente o abacate tem um gosto realmente estável que podemos descrever, já que as diferenciações variam de acordo com a pessoa (e também dentro de cada um de nós ao longo do tempo). Mas mesmo que você e sua amiga diferenciem gostos da mesma maneira, sempre há uma preocupação de que em princípio seus gostos sejam sistematicamente invertidos: talvez as coisas sejam salgadas para você e doces para ela (embora ela as chame de "salgadas") e vice-versa. Filósofos têm pensado há muito tempo, intensamente e sem chegar a uma conclusão sobre se essa possibilidade pode ser ajustada à visão materialista de que os gostos nada mais são do que estados físicos do cérebro. De fato, alguns argumentam que esse tipo de inversão não é verdadeiramente possível porque não existe realmente um gosto particular de abacate que observamos de maneira introspectiva ou examinamos com uma espécie de olho interno da consciência.

Segundo, seu exemplo nos remete a uma das experiências de pensamento mais famosas e controversas da filosofia contemporânea. Ela foi realizada pelo filósofo australiano Frank Jackson e defende uma visão oposta – de que nossas sensações internas de gosto são não apenas muito reais, mas não-físicas! Vou adaptar o argumento ao seu exemplo. Suponha que sua amiga volte para a escola e, sem nunca ter experimentado abacate, se torne uma importante especialista em psicologia e neuropsicologia do gosto, bem como em química do abacate. Um dia, ela experimenta pela primeira vez o abacate e exclama: "Ah, é *esse* o gosto do abacate!" Parece que sua amiga aprendeu um fato não-físico acerca do abacate, já que ela já sabia tudo o que a ciência física poderia ensinar. De acordo com esse argumento, sua incapacidade de expressar o gosto do abacate a sua amiga reflete não apenas dificuldades práticas e limitações de sua linguagem, mas também o fato de que os gostos não são físicos!

?

P

“Quando eu encontro uma pedra, existe um fluxo de informação de mão dupla entre mim e a pedra? A informação sobre a pedra é enviada a mim via meus sentidos. Existe um fluxo de informação recíproco de mim para a pedra?”

R

MARK CRIMMINS: Em termos de percepção, você é afetado pela pedra. Você é modificado, e a pedra é a causa das mudanças. Mudar significa que você adquire algumas propriedades diferentes. Agora, algumas de suas propriedades são *intrínsecas* e outras *extrínsecas*. Filósofos tentam de todo jeito explicar essa distinção claramente, mas, grosso modo, uma propriedade intrínseca de alguma coisa tem a ver puramente com a situação “dentro” dela e não em outro lugar. Como seu estado de consciência e outros estados sensoriais e cognitivos são modificados, você passou por uma mudança intrínseca e, como você diz, seu novo estado intrínseco produz a informação sobre a pedra em virtude de ela ter causado esse estado.

Agora, a pedra também é modificada intrinsecamente por aquele que a encontrou. Sua atração gravitacional a afeta de alguma maneira, e a luz que sai de você atinge a pedra e a muda de várias maneiras suaves.

Diferentemente de você, porém, a pedra não consegue coletar e decifrar os traços do agente (sua presença) que lhe causam impacto, e portanto os efeitos de seu contato sobre as propriedades intrínsecas da pedra são sutis e difusos. Entretanto, aquele que a encontrou também mudou algumas propriedades *extrínsecas* da pedra: ela agora tem as propriedades de ser percebida, de ser considerada interessante etc. A pedra não tem a menor noção disso, mas na verdade você a levou a participar do mundo do pensamento.

?

P

"Quando você vê um carro se afastando, parece que ele fica cada vez menor. Sabemos que na verdade ele não fica menor, apenas parece ficar menor. Portanto, fazemos uma distinção entre o tamanho real do carro e seu tamanho aparente. O carro verdadeiro está fora de nossa mente e o carro aparente é uma imagem do carro verdadeiro, e que, portanto, está dentro de nossa mente. Mas então o que vemos na verdade está tanto fora de nossa mente quanto dentro de nossa mente – mas como pode ser ambos?"

R

JOSEPH G. MOORE: Há tensões interessantes aqui, eu concordo, mas elas residem na maneira como falamos sobre as aparências e não na distinção entre aparência e realidade.

O tamanho real é uma propriedade *intrínseca* – quer dizer, o tamanho de um carro, assim como sua forma, depende inteiramente da maneira como ele é sozinho, e não da maneira como ele está casualmente relacionado a outras coisas em torno dele. Em contraste, o tamanho aparente é, de modo sutil, uma propriedade relacional ou *extrínseca*: o tamanho aparente de um carro depende não apenas do tamanho real do carro, mas também da localização relativa do observador. Assim, o tamanho aparente do carro para Fred pode diminuir se o carro diminuir de tamanho, mas também (e usando menos mágica) se Fred e o carro se afastarem, de modo que a luz do carro ocupe uma porção menor do campo visual de Fred. Logo, o mesmo carro pode sistematicamente manter seu tamanho real e mudar seu tamanho aparente através de mudanças apenas na posição relativa do observador.

Nossa avaliação sobre o tamanho aparente do carro parece vir diretamente de nossa percepção do carro. Minha posição como observador não é uma parte explícita da cena que é apresentada a mim visualmente. (Normalmente eu não me vejo vendo alguma coisa quando eu a vejo.) E, portanto, o tamanho aparente pode se apresentar a mim vindo de dentro, como se ele fosse uma propriedade intrínseca do carro que eu vejo. Mas não é.

Isto causa preocupação em você: o único tipo de tamanho que um carro real tem é o tipo que geralmente não muda quando ele se afasta; mas existe outro tipo de tamanho, o tamanho aparente, o qual muda; então tem que haver algo além do carro verdadeiro – talvez um "carro mental" ou uma imagem do carro – que realize uma mudança no segundo tipo de tamanho. Mas é aqui que precisamos nos lembrar de que o carro real pode sistematicamente passar por uma mudança em seu tamanho aparente sem uma mudança em seu tamanho real, se houve uma mudança em sua distância em relação ao observador. Não há contradição aqui, e portanto nenhuma necessidade de imaginar um segundo tipo de carro. Isto não é diferente da maneira como eu posso me tornar um tio sem passar por qualquer mudança intrínseca: posso fazer isso sem saber, dormindo, enquanto minha irmã faz todo o trabalho numa maternidade em algum lugar do país. Diferentemente da condição de tio, o tamanho aparente pode não parecer modificável nesse formato extrínseco. Mas ele o é.

?

P

“Ao sustentarmos o conceito de ‘raça’, tornamos o racismo possível?”

R

PETER S. FOSL: Sim, acho que sim – falando de maneira geral.

Por esse motivo, um dos objetivos da interrogação filosófica do conceito de “raça” deve ser miná-lo. Além de ensinar a genealogia do conceito de raça e mostrar como ele é uma categoria mais social do que biológica, eu tenho tentado minimizar meu uso de termos raciais, substituindo-os por “pele clara” e “pele escura” quando descrevo as pessoas. Esses termos, diferentemente de “preto” ou “branco” (que são binários e extremos), são comparativos e sugerem tanto gradação quanto continuidade (um tipo de classificação que eu acho mais preciso no tocante a fatos biológicos do assunto). Termos étnicos como “africano” também são úteis, mas não transmitem a idéia de inclusão e continuidade com a mesma eficácia. Dito isto, eu não acho que o uso de termos étnicos é terrivelmente pernicioso, exceto quando seu uso tem um caráter de exceção – ou seja, quando eles são usados para “o outro”, para distinguir de maneira humilhante, para separar e subordinar. É preciso ser cuidadoso ao utilizá-los.

Existem, porém, situações em que usar conceitos raciais pode servir a propósitos moralmente desejáveis. Casos em que isto acontece geralmente envolvem o uso de conceitos raciais para a subversão dos mesmos. Deixe-me explicar.

Eu cheguei à conclusão de que existe um certo tipo de realidade social nos conceitos raciais. Isto é, acho que eles existem de modo profundo em nossa sociedade, que eles estruturam a maneira como quase todos nós vemos o mundo e que, embora em última instância eles não estejam fixados ou sejam necessários, eles não vão embora tão cedo – e não sem muito trabalho cultural e conceitual. Compreendendo isso, pode-se, por exemplo, usar o conceito de "raça" como ele existe em alguns contextos para promover a ação afirmativa e as políticas de diversidade, para oferecer cursos de literatura "negra", para realizar workshops de anti-racismo, para analisar decisões judiciais, para criticar práticas bancárias e de habitação, para punir judicialmente crimes de ódio etc. Políticas de cotas em escolas que utilizam a raça como um fator podem ser usadas para minar o conceito e as práticas raciais. Os chamados cursos de literatura "negra" (em oposição à literatura africana) também podem se tornar obsoletos (ou de algum modo significativos de outra maneira). Novamente, em vez de (simplesmente) manterem a "raça", essas maneiras de usar o conceito podem na verdade ajudar a diminuí-lo ou até mesmo eliminá-lo.

É claro que isto é uma faca de dois gumes. Portanto, mesmo com esses papéis construtivos, os conceitos raciais podem simultaneamente sustentar a "raça" num determinado nível e miná-la em outro. Dar passos para apontar os problemas dos conceitos raciais e refutálos sempre que possível é, portanto, algo muito complicado, mas é também, moralmente falando, algo que devemos tentar fazer.

?

P

“É moralmente errado querer se casar apenas com alguém de seu próprio grupo étnico?”

R

PETER S. FOSL: Posto de maneira simplificada, não – não a questão em si.

Cheguei a essa conclusão, entretanto, só depois de alguns embates complicados com pessoas próximas a mim. Eu me lembro, por exemplo, de um amigo meu de pele escura (negro) se opor a que seu filho namorasse uma mulher de pele clara (branca). Em outra ocasião, enquanto meu filho brincava com a filha de alguns amigos judeus, eu disse brincando que um dia poderíamos ser sogros. Eles responderam naturalmente que para eles era importante que sua filha se casasse com outro judeu (e a essa altura meu filho se ofereceu para se converter). De início eu fiquei chocado com as posições de meus amigos e ainda tenho minhas críticas. Mas passei a perceber seus motivos, motivos que são especialmente convincentes para aqueles que fazem parte de grupos minoritários.

Vamos começar com os motivos ruins. Motivos para casar *apenas* com alguém de seu próprio grupo étnico podem, certamente, ser imorais. Seria imoral, por exemplo, querer se casar apenas com alguém do próprio grupo étnico para gerar crianças que pertencessem a esse grupo, de modo a preservar uma supremacia injusta, principalmente quando se trata da supremacia de uma população invasora e recém-dominante.

Também seria errado, eu acho, querer se casar com alguém *apenas* porque ele ou ela pertence a seu grupo étnico. É preferível considerar também outros fatores no casamento – como afeição e compatibilidade. Além do mais, é melhor, nas atuais condições sociais, considerar parceiros de outros grupos, já que um casamento misto pode ajudar a reduzir as tensões sociais.

Observe, além disso, que há uma diferença entre "querer" ou "desejar" apenas membros do próprio grupo e limitar-se a esse grupo, reprimindo os desejos por pessoas de fora. Em condições normais, esse tipo de repressão é moralmente indesejável.

Por outro lado, em muitas circunstâncias eu acho que levar a origem étnica em consideração, como um fator entre muitos, é moralmente permissível e até recomendável. O desejo pode ser limitado a uma etnia específica por causa do autoconhecimento – isto é, a etnia como sendo uma exigência pessoal de compatibilidade. O desejo assim circunscrito pode também advir de uma apreciação das belezas e excelências das tradições étnicas, dos rituais etc. Acho que é moralmente defensável que grupos minoritários, grupos que são ameaçados, ou grupos que têm sido historicamente reprimidos (como judeus e negros) considerem a base étnica uma maneira de preservar suas culturas étnicas.

Em tudo isso, porém, eu gostaria de deixar claro que há uma diferença significativa entre a vontade de um indivíduo – levando a etnia em consideração – e ir tão longe a ponto de proibir a vontade e o casamento de pessoas que cruzam as barreiras étnicas. A necessidade de liberdade do indivíduo no final das contas ultrapassa o desejo e até o dever de preservar grupos étnicos.

?

P

“Se uma pessoa considera sua própria vida muito negativa, não é seu direito pôr fim ao que se tornou uma existência desagradável – mesmo que os outros não acreditem que sua vida seja tão ruim ou sem perspectiva de melhora?

Além disso, é realmente justo apontar o mal que seu suicídio causaria a outras pessoas como motivo para ela não se matar? Afinal de contas, a sua vida não pertence a você?”

R

THOMAS POGGE: *É* justo apontar o mal que seria causado pelo suicídio de alguém, porque esse mal certamente não é moralmente irrelevante. É relevante, por exemplo, quando o potencial suicídio atinge outras pessoas que são dependentes do suicida. Considere, por exemplo, uma mulher que teve filhos cujas vidas provavelmente serão destruídas se ela se suicidar. Em muitos casos, sem dúvida, o fato de outras pessoas serem prejudicadas pelo suicídio de uma pessoa não é responsabilidade dessa pessoa. Não é sua responsabilidade, por exemplo, que ela tenha pais ou irmãos que ficariam profundamente perturbados com seu suicídio. Mas mesmo nesses casos, ela não deveria pelo menos fazer o que pudesse para aliviar a dor dos pais, dos irmãos, dos amigos etc. deixados para trás?

Dessa maneira, talvez o suicídio não seja tão diferente de outras ações humanas. As pessoas têm direito a agir dessa forma, no sentido de que seria errado impedi-las de agir como tal; mas isto não significa que essas ações estejam além da crítica moral. Do ponto de vista moral, a realização dessas ações pode, de diversas maneiras, apresentar pequenos desvios ou ser, às vezes, inteiramente errada.

Considere o divórcio. As pessoas têm o direito moral de pedir a separação, no sentido de que seria errado impedi-las de fazê-lo. Entretanto, as pessoas geralmente se divorciam de maneiras que causam muitas dores e dificuldades evitáveis ao(à) parceiro(a) e aos filhos. E, às vezes, mesmo a maneira mais cuidadosa de sair do casamento causa tantas dores e dificuldades, em benefício de um ganho relativamente pequeno, que a pessoa estaria errada ao dar mais importância a sua felicidade do que à felicidade de sua família. A questão importante e geral é esta: mesmo que a pessoa tenha o direito moral de fazer X (isto é, seria moralmente errado outras pessoas a impedirem de fazer X), fazer X ainda pode ser moralmente errado.

?

P

“Por que as pessoas que dizem que quando você morre vai para um lugar melhor não se matam? Se a morte é um lugar melhor, por que elas continuam nesse mundo ‘inferior’?”

R

ALEXANDER GEORGE: Talvez a confiança de algumas pessoas na vida após a morte não seja forte o suficiente para sufocar todos os temores sobre a morte. Talvez algumas pessoas não queiram causar dor a seus amigos e entes queridos, os quais sentirão muito a sua falta. E talvez algumas pessoas acreditem que elas não têm o direito de sair da estação da vida (como diz John Locke): elas são propriedade de Deus e não têm direito algum a destruir a si próprias.

?

P

“Por que devemos respeitar os mortos?”

R

THOMAS POGGE: Aqui existem três motivos a serem considerados. Primeiro, devemos respeitar os mortos porque eles querem ser respeitados. Obviamente, estando mortos, eles não querem isso agora; mas o queriam quando estavam vivos. Imagine que você tem um segredo profundamente embaraçoso que somente seu melhor amigo sabe. Você quer intensamente que ninguém mais saiba. Esse fato dá a seu melhor amigo um motivo forte para que ele não conte a outras pessoas, mesmo que ele possa fazer isso de uma maneira que você nunca descobriria. Esse motivo pode desaparecer se você deixar de se preocupar com que os outros saibam. Mas ele persiste quando você morre sem ter mudado de idéia – ou assim alguém poderia sustentar.

Segundo, devemos respeitar os mortos porque fazer isso torna suas vidas melhores. A qualidade de nossas vidas não depende simplesmente de nossos estados mentais, mas também de nossas contribuições para o mundo. Essas contribuições podem continuar quando morremos: compositores, artistas e romancistas enriquecem muitas vidas mesmo depois de morrerem, e isto torna suas vidas mais valiosas. Não respeitar os mortos, por exemplo, destruindo seu trabalho ou a lembrança deles, pode impedir essas contribuições póstumas e, portanto, reduzir o valor da vida de uma pessoa morta (relativo ao que teria sido se fosse de outra forma).

Terceiro, devemos respeitar os mortos porque fazer isso é uma prática da qual os vivos se beneficiam. Não estou me referindo ao benefício de nós mesmos sermos respeitados depois de morrermos (do contrário estaria repetindo os dois pontos anteriores). Em vez disso, estou pensando em como nós, vivos, mudaríamos nossa conduta, de maneiras que são ruins para todos nós, se acreditássemos que, uma vez mortos, não seríamos mais respeitados. Teríamos, por exemplo, muita preocupação e faríamos muito esforço tentando assegurar que nossos bens fossem para onde gostaríamos que fossem? Se um último desejo e um testamento não podem assegurar isso (porque não seriam respeitados), então muitas pessoas iriam se desfazer de seus bens antes de morrer, tornando-se com freqüência muito pobres ou dependentes do apoio de amigos, da família ou do Estado. Logo, você se beneficia do fato de você e outros viverem com o conhecimento seguro de que seus últimos desejos serão respeitados. Você se beneficia por não precisar se preocupar com seus bens agora, ou com se desfazer deles de maneira apropriada agora, e também por não precisar lidar com a pobreza adicional e outros problemas que resultariam se outros se desfizessem antecipadamente de seus bens.

?

uma última pergunta, mas não a pergunta final

P

"Por que os filósofos tornam tão complicadas e confusas perguntas aparentemente simples?"

R

ALEXANDER GEORGE: Não existe motivo algum para pensar que uma pergunta simples tem que ter uma resposta simples. A pergunta "Por que existem marés?" é muito simples; uma boa resposta para ela é muito complicada. (Mas talvez você ache que geralmente as perguntas para as quais os filósofos dão respostas complicadas *podem* ser respondidas com simplicidade!)

Poderíamos seguir em frente imaginando *por que* perguntas simples geralmente não têm respostas simples. Bem, esta é uma boa pergunta simples, e eu suspeito de que ela não tenha uma resposta simples! Em filosofia, as perguntas geralmente pedem uma explicação, ou racionalização, para algumas de nossas crenças; um filósofo pode, por exemplo, querer saber por que acreditamos que outras pessoas são conscientes (embora nunca possamos experimentar a consciência delas, e portanto ter alguma prova direta). Agora, às vezes a noção de um filósofo sobre uma boa explicação é semelhante à de um cientista: uma consideração que faz uso de algumas alegações básicas que acabam nos levando – por um processo de inferência – a muitas conseqüências interessantes e variadas. Em outras palavras, os filósofos freqüentemente procuram *teorias*, considerações que ordenam, ou sistematizam, uma série de fenômenos previamente não relacionados, mostrando como todos eles são continuações de certas suposições básicas. E as teorias, visto que elas buscam extrair muito de apenas algumas alegações iniciais, podem levar a cadeias de raciocínio complexas: o caminho que vai desde os pontos iniciais até as conclusões pode ser longo e sinuoso. Isto pode parecer – e de fato *ser* – um assunto complicado.

R

NICHOLAS D. SMITH: Existe um antigo ditado (grego) – "*Chalepa ta kala*", que significa "Coisas nobres são difíceis". Nem todas as coisas valiosas são difíceis... mas algumas são. E parte de seu valor, eu acho, deriva da dificuldade. Em iniciativas difíceis, até mesmo o menor sucesso é animador.

Mas eis outra resposta (também com raízes antigas): Aristóteles, no início de seu trabalho *Metafísica*, diz que "a filosofia começa com o espanto". Acho que isto está certo e vale para *qualquer tipo de investigação*. Mas isto significa que produzir resultados numa investigação vai ser difícil – porque em toda investigação séria começamos com o espanto. E *nos espantamos* porque somos *ignorantes*: se já conhecêssemos aquilo com o qual nos espantamos, não nos espantaríamos! Vencer a ignorância é um negócio difícil; como Sócrates observou (em *Apologia*, de Platão), até mesmo *reconhecer* nossa própria ignorância pode ser difícil... e é bastante raro (naquele tempo e agora).

?

índice

colaboradores

LOUISE ANTONY
é professora da Universidade de Massachusetts, Amherst.

NALINI BHUSHAN
é professora da Smith College, em Northampton, Massachusetts.

DAVID BRINK
é professor da Universidade da Califórnia, San Diego.

MARK CRIMMINS
é professor da Universidade de Stanford, em Palo Alto, Califórnia.

PETER S. FOSL
é professor da Universidade da Transilvânia, em Lexington, Kentucky.

JYL GENTZLER
é professora da Amherst College, em Amherst, Massachusetts.

ALEXANDER GEORGE
é professor da Amherst College, em Amherst, Massachusetts.

MITCHELL S. GREEN
é professor da Universidade da Virgínia, Charlottesville.

SEAN GREENBERG
é professor da Universidade Johns Hopkins, em Baltimore, Maryland.

RICHARD HECK
é professor da Universidade Brown, em Providence, Rhode Island.

AMY KIND
é professora da Claremont McKenna College, em Claremont, Califórnia.

MARC LANGE
é professor da Universidade da Carolina do Norte, Chapel Hill.

OLIVER LEAMAN
é professor da Universidade de Kentucky, Lexington.

PETER LIPTON
é professor da Universidade de Cambridge, Reino Unido.

JOSEPH G. MOORE
é professor da Amherst College, em Amherst, Massachusetts.

THOMAS POGGE
é professor da Universidade de Colúmbia, em Nova York.

GABRIEL SEGAL
é professor da King's College, Londres, Reino Unido.

MATTHEW SILVERSTEIN
é professor da Universidade de Michigan, Ann Arbor.

NICHOLAS D. SMITH
é professor da Lewis and Clark College, em Portland, Oregon.

MARK SPREVAK
é professor da Universidade de Cambridge, Reino Unido.

SHARON STREET
é professora da Universidade de Nova York, Nova York.

DANIEL J. VELLEMAN
é professor das Amherst College, em Amherst, Massachusetts.

markgraph

Rua Aguiar Moreira, 386 - Bonsucesso
Tel.: (21) 3868-5802 Fax: (21) 2270-9656
e-mail: markgraph@domain.com.br
Rio de Janeiro - RJ